ET SI ÇA VENAIT D

DU MÊME AUTEUR

La grande forme, Encre, 1979.
En pleine santé, Édition° 1, 1981.
Manger pour guérir, RMC Éditions, 1985.
La forme naturelle, Édition° 1, 1986.
Les chemins du bien-être, Fixot, 1990.
Le droit au plaisir, Fixot, 1992.
Le cri du cœur, Plon, 1996.
Maigrir là où vous voulez, Édition° 1, 1998.
La grande forme après 40 ans, Édition° 1, 1999.
Maigrir sans regrossir, Édition° 1, 2000.
Plus jamais mal au dos, Robert Laffont, 2001.

PIERRE PALLARDY

ET SI ÇA VENAIT DU VENTRE ?

ROBERT LAFFONT

ISBN : 2-221-09708-4

Je dédie ce livre à tous les thérapeutes, médecins, ostéopathes, kinésithérapeutes, infirmiers, sages-femmes… qui prennent le temps de poser les mains sur leurs malades, de les réconforter, de les aider à supporter leur douleur et de les guider vers le chemin parfois si difficile de la guérison.

Je remercie du fond du cœur mon épouse, Florence, qui m'a toujours soutenu depuis trente-cinq ans dans ma passion de communiquer ma méthode, sacrifiant son envie de peindre ou de réaliser des mosaïques.

J'aurai réussi si j'arrive à vous persuader que votre santé dépend de vous.

Pierre Pallardy

INTRODUCTION

Cela fait maintenant de nombreuses années que je me penche, en ma qualité de thérapeute, sur des patients atteints de troubles divers dans leur corps et presque toujours dans leur esprit, en proie à des douleurs qui ne leur laissent pas de répit, parfois submergés par des souffrances incoercibles qui les privent de toute joie de vivre. Tous et toutes sont en attente d'une solution qui mette un terme à leur problème et leur rende, avec le silence des organes, des systèmes et des muscles, ce sentiment de calme, de plénitude, cet accès au bonheur qu'on appelle la santé, auquel chacun et chacune a droit.

Je les regarde dans les yeux et, dans la quasi-totalité des cas, je n'ai pas besoin de leur demander de raconter leur histoire. Je la connais. Ces patients, hommes et femmes que la douleur rejette à côté d'eux-mêmes, sont allés de médecin en médecin, de spécialiste en spécialiste ; ils ont suivi des régimes astreignants, subi des infiltrations ; ils ont essayé toute sorte de traitements, absorbant des produits miracle, passant de l'antidépresseur à la supervitamine ; ils se sont tournés dans toutes les directions, animés par l'espoir sans cesse renouvelé, et toujours trahi, de mettre un terme à leur état douloureux.

La vie quotidienne multiplie les pièges. Prisonniers d'emplois du temps délirants, on n'a pas le temps de respirer ni de se détendre. On mange trop vite, n'importe où, n'importe comment, des aliments sans valeur nutritive, trop gras, trop sucrés. Souvent, croyant bien faire, on pratique une gymnastique trop violente, un sport mal adapté à sa condition physique, à son âge. Rien n'a raison de la fatigue, de l'insomnie qui hante les nuits, des kilos superflus qui s'accumulent malgré les efforts et dénaturent la silhouette, des maux de dos récurrents qui paralysent ; rien ne les débarrasse des rhumatismes, des problèmes sexuels — frigidité, impuissance —, des allergies. Souvent, je déchiffre sur leur visage, sur leur peau, les signaux d'une sorte de déclin, d'un vieillissement prématuré. Et, presque toujours, chez ces femmes encore jeunes — on peut être « jeune très longtemps » — et ces hommes qui devraient profiter pleinement des plaisirs de la vie, je décèle dans la spirale de la dépression, de la déprime, ce mal de notre époque, comme l'annonce d'une résignation.

Cela me révolte, car je sais à travers mon expérience de docteur en ostéopathie, de diététicien, de thérapeute manuel, recueillie en plus de trente-cinq ans de pratique, d'observations et d'études, que la quasi-totalité de ces désastres physiques et mentaux aurait pu être évitée et que, dans la même proportion, il est possible de les éliminer. À condition d'accepter de changer quelques petites habitudes, de manger et de respirer différemment, de se soumettre à des règles de comportement simples, de modifier le regard que l'on porte sur soi-même. Et de savoir que ces maux prennent naissance dans le ventre et qu'en retrouvant sa santé le ventre apportera équilibre, sérénité et joie de vivre.

Le centre de la vie

Mais oui, « cela » vient du ventre, même si cela ne vous paraît pas toujours logique ou évident. Moi, je le sais depuis que, tout jeune thérapeute, je combats la douleur avec toute la force de mon besoin de guérir, de vaincre les dysfonctionnements, de réconcilier les gens avec eux-mêmes. Le ventre est le centre de la vie. Depuis toujours, mon premier réflexe — quel que soit le trouble dont se plaint patiente ou patient — est de diriger mes mains vers son ventre.

Dès 1979, dans mon premier livre, *La Grande Forme*, je mettais l'accent sur l'importance de maintenir son ventre en bon état et de l'oxygéner de façon permanente. En 1981, dans *En pleine santé* je développais l'existence des liens étroits entre les troubles fonctionnels et les dysfonctionnements du ventre. Dans *Manger pour guérir*, en 1987, une méthode douce pour être bien dans sa tête, bien dans son corps, j'écrivais : « Tous les jours, depuis plus de vingt ans, je reçois dans mon cabinet des femmes et des hommes qui me disent : J'ai mal au dos, au cou, aux articulations, je suis épuisé(e) ; je dors mal ; j'ai des migraines épouvantables ; je suis à bout de nerfs, angoissé(e) ; je ne supporte plus rien. » J'examinais leur dos, leurs membres, leur nuque, j'y trouvais des raideurs, des tensions, des blocages, mais je découvrais aussi à la palpation des ventres durs, tendus, ballonnés. Des points incroyablement douloureux sur certains plexus, ou le long de certains méridiens. Je massais le ventre doucement, cherchant à dénouer un à un leurs plexus. Au fil du traitement, je les sentais se détendre. Ils étaient sur la voie de la guérison.

Dans *Maigrir sans regrossir*, je protestais violemment contre les régimes alimentaires et, pour maigrir, je préconisais la méthode d'oxygénation par la « respiration-détente » agissant directement sur le cycle d'assimilation-élimination. Et, dans le même esprit, je signalais l'effet de ma méthode non seulement sur les kilos superflus, mais sur l'ensemble des troubles fonctionnels — comme les insomnies, les fatigues, les maladies de peau, les états dépressifs, les allergies.

Enfin, dans *Plus jamais mal au dos*, qui a été une révélation pour beaucoup, dont des sportifs de haut niveau qui n'ont pas hésité à le proclamer, je démontrais que la plupart des maux de dos, y compris les sciatiques récidivantes, les lombalgies chroniques, les névralgies et les rhumatismes, ne résistaient pas à une mise en bonne santé du ventre, associée à la pratique de ma respiration-détente et à une surveillance alimentaire.

Au fil des années, instinctivement, j'ai conforté cette certitude fondée — je le raconte plus loin — sur mon expérience personnelle. Le ventre, pour moi, n'était pas seulement un ensemble mécanique, une tuyauterie, toujours en action, chargée d'assimiler l'alimentation et d'éliminer déchets et toxines. Le ventre est, affirmais-je, un « second cerveau », et son rôle est primordial dans la reconquête de la santé et du bien-être. Je faisais parfois sourire des patients, des confrères et certains médecins, mais je n'en démordais pas. « Il est inutile de soigner localement un trouble fonctionnel, même un mal au dos ou une migraine persistante, sans traiter en priorité le ventre », proclamais-je. J'avais beau rappeler que, dans l'Antiquité, le ventre était considéré comme le siège de l'âme, que les médecines orientales s'organisaient autour du ventre, que les praticiens chinois interrogeaient le ventre d'un patient en prenant son pouls et en auscultant son cœur, rien n'y faisait. Je m'appuyais sur des communications médicales, encore timides, qui soulignaient que le ventre produisait des cellules immunitaires, comme la moelle épinière, et dans les mêmes quantités — on m'écoutait avec politesse. Sans plus.

Les résultats spectaculaires que j'obtenais ne désarmaient pas les sceptiques. Je pense, en particulier, à ce grand médecin hospitalier qui souffrait d'une névrite cervico-brachiale caractérisée par des douleurs de l'épaule, rebelles à tout calmant ; il avait consulté de nombreux confrères, subi de multiples traitements (anti-inflammatoires, infiltrations, massages, manipulation), sans amélioration. Je constatais que son ventre était en piteux état. En quelques séances de traitement manuel de son ventre, en supprimant ses six à sept cafés par jour, en obtenant qu'il mange régulièrement et lentement, et en lui faisant pratiquer ma respiration-détente, sans même me pencher sur son épaule malade, j'obtins une amélioration dont il m'est encore reconnaissant.

Mais je prêchais dans le désert.

Et soudain, au début de ce siècle, il y a quelques mois, des articles apparurent dans les revues médicales les plus respectées, en particulier aux États-Unis. Des recherches longues et minutieuses avaient abouti à d'étonnantes conclusions :

• Le ventre est bien structurellement et neurochimiquement un second cerveau, connecté directement au cerveau de l'encéphale, dont il est complémentaire.

• Il produit à travers l'intestin entre 70 et 85 % des cellules immunitaires de l'organisme qui innervent les organes et garantissent notre vie et nous protègent contre les maladies graves.

• Il produit aussi des cellules dites « interstitielles » qui jouent un rôle important dans le fonctionnement des muscles et des attaches.

• Il abrite un réseau complexe insoupçonné de neurotransmetteurs (ou neuromessagers), de neuromodulateurs, de molécules identiques à celles de l'autre cerveau. Parmi ces micro-produits, la sérotonine, la mélatonine, l'acétylcholine, l'épinéphrine et les nétrines, au total une trentaine. Et on en découvrira d'autres bientôt.

• Puis un professeur de l'université Columbia (New York), Mickael D. Gershon, spécialiste d'anatomie et de biologie cellulaire, publie au début de l'année un livre qui fait sensation : *The Second Brain*[1] (« Le second cerveau »). C'est le fruit d'une recherche de trente ans. « Nos deux cerveaux, écrit-il, celui de notre tête et celui de notre ventre, doivent coopérer. Si ce n'est pas le cas, il y a chaos dans le ventre, et misère dans notre tête. »

1. Éditions Harper Perennial.

Le professeur Gershon démontre l'existence d'une activité chimique réciproque entre les deux cerveaux à travers le « nerf vague ». Le ventre serait aussi capable de ressentir des sensations gustatives. Une équipe de l'université de Boston vient d'identifier dans l'estomac et l'intestin de la souris des récepteurs du goût amer !

Tout ce que je savais, par intuition, se trouve ainsi confirmé, scientifiquement établi dans ce livre exceptionnel : en traitant le ventre, en rétablissant ses fonctions souvent altérées ou modifiées (gastrite, colite, colopathie, constipation, diarrhée, etc.), en lui rendant la santé, on exerce une action bienfaisante, relaxante, curatrice sur l'ensemble des troubles physiques et psychiques du patient, on renforce les défenses immunitaires. Dans mes projections les plus audacieuses sur ce sujet, je n'aurais jamais osé aller aussi loin que le professeur Gershon. Je ne citerai ici que quelques exemples que l'on retrouvera dans le *Guide de la santé du ventre*, plus avant dans ce livre. Gershon démontre que les éléments constitutifs de la maladie d'Alzheimer, les plaques amyloïdes, se forment en même temps dans le cerveau et dans les intestins ! Même observation pour la maladie de Parkinson !

En lisant le livre de Gershon, j'ai aussi compris pourquoi un traitement approprié du ventre selon ma méthode entraînait toujours une amélioration du système cardio-vasculaire, du diabète, une régularisation de la tension artérielle, une baisse du mauvais cholestérol et une disparition des douleurs musculaires et rhumatismales. Même confirmation pour les problèmes psychiques (anxiété, angoisse, dépression) sensibles à la sérotonine, autre molécule produite par les deux cerveaux.

L'immunité part du ventre

En traitant manuellement le ventre, j'ai souvent observé que je faisais resurgir un peu comme le psychiatre ou le psychanalyste des émotions, des troubles, des traumatismes enfouis profondément, refoulés depuis la prime enfance, et qui se trouvent à la source de désordres souvent très douloureux. Combien de fois, non sans une certaine surprise, je dois l'avouer, des patients dont je traitais manuellement le ventre se confiaient soudain à moi, dans un élan imprévu. Je savais que j'avais atteint, avec mes mains, une zone douloureuse, verrouillée, de leur inconscient, que j'avais réveillé un souvenir, un choc occultés. Je provoquais parfois à partir du ventre une sorte de crise nerveuse, avec pleurs, sanglots, spasmes, frissons, une vague de fond venue du passé et un flot de paroles en forme de confidence. Aujourd'hui, ces phénomènes ne m'étonnent plus, puisque je connais le rôle des neurotransmetteurs créés par le ventre, et l'importance de la relation, et de la coordination, entre les deux cerveaux. Cette « interconnexion » avait, à mon avis, été pressentie par les pionniers de la psychanalyse : j'ai lu que Freud et Jung avaient l'habitude de poser les mains sur la tête et sur le ventre de leurs patients pendant les séances d'interrogation profonde. Certains ont même affirmé qu'au début de sa carrière le créateur de la psychanalyse massait le ventre de ses patients. Très souvent, je suis parvenu à faire disparaître assez rapidement des troubles ou, au moins, à les rendre supportables, améliorant l'état nerveux, supprimant les angoisses de mes patients. Il m'apparaît maintenant clairement que la réussite de mes traitements est basée sur la remise en harmonie des deux cerveaux, et que la disparition de ces troubles de l'esprit est bien souvent suivie d'une amélioration spectaculaire de l'insomnie, de la dépression, des difficultés sexuelles, etc.

Notre ventre est bien responsable, à travers ses dysfonctionnements, de nombreux troubles dont nous souffrons, même de ceux qui, par nature (je pense aux maux de dos, à la fatigue, aux problèmes esthétiques, à l'insomnie, etc.), nous semblent le plus éloignés de cette partie de notre corps. Dans ce livre, je mets à votre disposition une méthode, longuement méditée, avec ses incidences respiratoires et alimentaires, qui, en vous permettant de surveiller et de maintenir la bonne santé de votre ventre, deuxième cerveau, de garantir son harmonie avec le cerveau supérieur, apporte la solution à de nombreux problèmes dont vous souffrez, ou dont vous pouvez souffrir un jour. Je savais que cela « marchait » ; j'en avais la preuve à travers mes guérisons. Je sais maintenant « pourquoi » cela marche. Et j'éprouve, en tant que thérapeute, une certaine fierté d'avoir instinctivement devancé de plus de trente ans sur ce sujet les conclusions des laboratoires et des chercheurs.

Le ventre vient d'acquérir, médicalement parlant, ses titres de noblesse. Dans le même temps, j'observe qu'il sort d'une sorte de purgatoire où notre société le maintenait de façon curieuse. Les tailles des jupes et des pantalons diminuent, et les jeunes femmes n'ont plus aucune pudeur à montrer leur nombril. On se présente sans complexe le ventre à l'air, et on se fait percer le nombril, comme jadis les oreilles. La danse du ventre est à la mode et la publicité fait la part belle aux rondeurs des femmes enceintes. Ce changement dans les attitudes, je l'observe aussi sur ma table de massage. Quand j'ai commencé à donner des soins manuels bien avant mon doctorat d'ostéopathie et mes études de diététicien, les hommes et les femmes qui s'étendaient devant moi éprouvaient une sorte de réticence quand mes mains, instinctivement, se portaient vers leur ventre. Surtout les femmes. Comme si je violais leur intimité, comme si je franchissais une frontière interdite. Ce n'est plus du tout le cas aujourd'hui ; hommes et femmes se livrent sans difficulté à mes traitements manuels et, souvent, les réclament, même si parfois, au début, quand je malaxe les plexus, au niveau de l'intestin grêle, du côlon, du foie, de la vésicule, je provoque de très vives douleurs.

Notre second cerveau a un grand avenir

Les effets de la méthode que je vous propose dans ce livre sont peut-être encore plus variés, puissants et lointains — qu'on ne le pense aujourd'hui. J'ai la conviction qu'en soignant et surveillant, comme je le préconise, le bon fonctionnement du ventre on se protège contre les risques majeurs de notre société de consommation. En améliorant la quantité et, certainement, la qualité des cellules constituantes de notre système immunitaire produites par le ventre, il est très vraisemblable que nous diminuons les possibilités d'attaques tumorales : on sait que, dans les pays riches où l'espérance de vie augmente régulièrement, une personne sur deux est appelée à affronter, dans sa vie, une forme de cancer. Dès à présent, ma méthode de remise en condition du ventre et d'harmonisation des deux cerveaux constitue un apport significatif pour les malades traités par chimiothérapie ou radiations. J'en ai, chaque jour dans mon cabinet, de nouvelles démonstrations. À ceux qui souffrent d'hypertension et de dysfonctionnements cardiaques l'autre tragédie pathologique de notre époque, ma méthode fournit des armes efficaces pour appuyer les traitements médicamenteux, limiter les dégâts, lutter, se rétablir après une intervention chirurgicale et triompher de la maladie.

Avec toute la prudence qui s'impose et en analysant les conclusions récentes des chercheurs, je suis porté à penser que le second cerveau en bonne santé, parfaitement connecté au cerveau supérieur, est en mesure de guérir la plus grande partie des troubles fonctionnels, d'agir comme un allié dans de nombreuses maladies, d'aider à combattre les désordres psychiques, de retarder le vieillissement. De vivre en pleine santé.

I

D'OÙ VIENT MA MÉTHODE ?

D'OÙ VIENT MA MÉTHODE ?

Je ne garde de mon enfance que des souvenirs noirs, douloureux ; quand je remonte le fil de ma mémoire, aujourd'hui encore, les larmes me montent aux yeux, mon cœur se serre et mon ventre me fait mal. J'étais le dixième enfant d'une mère qui mourut en me mettant au monde. Mon père, un homme droit, rigoureux, très pieux, d'une grande bonté, miné par le chagrin, en proie à l'injustice et à la misère, mourut quelques années après ma mère. Avec mes frères, j'ai connu les orphelinats, les terribles « placements » dans des familles dites « nourricières » qui, le plus souvent, ne considéraient les enfants qu'on leur confiait que sous l'angle d'une main-d'œuvre gratuite, au profit de la ferme, ou de l'établissement agricole. Avec le recul du temps, la sensation principale qui remonte, persistante, à la surface de ma mémoire n'est pas liée à la peur, au manque d'amour, mais à la faim. Mes frères et moi n'étions jamais rassasiés : il nous arrivait de capturer des poules et, par peur des gendarmes, de les dévorer sur place toutes crues. Nous étions capables de liquider en quelques minutes toute une rangée de fraisiers, un arbre fruitier dans sa totalité, et de boire plusieurs litres de lait volés au bord des routes.

Évidemment, victime de cette anarchie alimentaire, je souffrais du ventre de façon permanente. C'est un autre souvenir lancinant étroitement associé à mon enfance. J'y reviens régulièrement dans l'histoire triste de cette période de ma vie que j'ai écrite sous le titre *Le Cri du cœur*. Je répétais : « J'ai mal au ventre », à tout propos, en toute circonstance. J'avais froid, j'étais triste, je me sentais seul, abandonné. Mais, avant tout, j'avais « mal au ventre ».

Aujourd'hui, à la lumière des travaux récents de la médecine, cela ne m'étonne plus. Ce mal de ventre tenace, parfois insupportable, si sa source se trouvait dans la sous-alimentation et l'anarchie chroniques dont nous étions victimes, mes frères et moi, trahissait le désordre, l'angoisse matérialisée dans mon second cerveau. Parfois, la douleur m'arrachait des cris ; pour me soulager, je n'avais qu'une ressource : m'allonger sur le dos, jambes fléchies ; dans cette position, je me massais le ventre. J'avais l'impression que la chaleur de mes mains pénétrait dans les tissus et éloignait un moment le mal. Avec une brique chaude, ou une bouillotte, j'aurais sans doute obtenu le même effet. C'est du moins ce que je pense aujourd'hui. Au bout de quelques minutes, en général, mes douleurs s'apaisaient et, si j'avais la patience de continuer, finissaient par disparaître. Mais pour peu de temps. À la première bouffée d'angoisse, le premier « coup dur » après un repas avalé compulsivement, et ils ne manquaient pas dans les situations où nous étions plongés, mes frères et moi, les douleurs de ventre réapparaissaient, avec leur cortège de « coups de pompe » ou de déprimes, de douleurs dans le dos, dans les jambes.

Au lycée de Lorgues, dans le Midi, où j'ai fini par échouer au temps du baccalauréat, lors de mes premiers jobs d'adolescent pris au hasard pour me procurer un peu d'argent et payer mes études — livreur, plongeur, garçon de restaurant, plagiste, photographe, etc. —, je reste sous la menace permanente de ces accès, douleurs abdominales fulgurantes. Elles ne me laissent pas de répit quand j'atteins l'âge adulte : je les sens venir avec leur lot de troubles dits « nerveux », accès de mélancolie, crise de révolte et toujours ces terribles sensations de fatigue. Je les sens monter en moi et je sais que je ne leur échapperai jamais.

J'espère un moment trouver un refuge dans le sport. En effet, la natation, la course à pied, le vélo semblent quelque temps me protéger. Je me sens mieux, équilibré. Mais le mal au ventre réapparaît. Aujourd'hui, je comprends mon erreur : j'ai forcé sur un ventre douloureux ; j'aurais dû commencer par le traiter. En vérité, j'ai obtenu un résultat opposé : j'ai accru mes troubles fonctionnels — fatigue, crises, spasmes, irritabilité, insomnies — et j'ai ébranlé mon équilibre, mon capital de confiance en moi. Le mal au ventre est toujours là et s'accentue encore pendant mon service militaire, effectué comme parachutiste en Algérie, et dont je sors avec le grade de lieutenant. Je consulte des gastro-entérologues, j'avale des médicaments divers, j'équilibre, dans la mesure du possible, mon alimentation, mais mon ventre continue de me tenir sous sa menace. Même après mon mariage avec Florence, rencontrée sur la plage de Cavalaire, dans le Var ; je suis heureux, mais je n'ai pas réglé mes comptes avec mon ventre.

Curieusement, c'est en traitant les autres que je prendrai, plus tard, la véritable dimension du problème et que je trouverai sa solution. Un hasard me révèle que j'ai hérité le don de guérir de mon père. Sur la plage de Saint-Aygulf, où je travaille comme plagiste, mon employeur est plié par un lumbago. Spontanément, je lui propose un massage. Pour moi, ce n'est pas une première : j'ai déjà souvent soulagé des amis dans des fermes ou au lycée. Quelques jours plus tard, un des clients, qui vient régulièrement avec sa femme Françoise déjeuner sur la plage, se plaint à son tour de douleurs dans le dos : « Tu devrais essayer Pierre, lui dit mon patron. Il a un don, il m'a guéri. » Le patient s'appelle Pablo, Pablo Picasso. Il est assis sur une chaise et me tourne le dos, un dos très musclé. Je m'installe derrière lui sur une autre chaise. « Croisez vos mains à plat sur la table, dis-je, et posez le front dessus. »

Il obéit en maugréant. Je me cale en ancrant mes pieds dans le sol et je masse en profondeur. J'y vais en force. Picasso pousse des grognements sourds ; j'enfonce mes pouces le long de sa colonne vertébrale. Picasso s'abandonne ; je travaille son dos en donnant le maximum de moi-même. À la fin, comme le faisait jadis papa, je pose les mains sur son dos pour régulariser l'énergie, et je découvre, stupéfait, que Picasso s'est endormi. Plus tard, il me convoquera chez lui, à Vallauris, quand il souffrira de nouveau. Et sans réfléchir, cette fois, je traiterai son ventre.

Ma vocation s'affirme. Je sais que je soulage. C'est devenu un besoin, une passion. Première et cruciale observation : le ventre du patient est presque toujours dur, « spasmé », ballonné. Désormais, même si je suis appelé pour une douleur de l'épaule ou du dos, pour des maux de tête ou pour tout autre trouble fonctionnel, je me dirige d'abord vers le ventre, que j'interroge, palpe et masse, d'abord légèrement, puis en profondeur en suivant instinctivement les tracés des méridiens et des plexus. Presque toujours, je mets au jour un dysfonctionnement, une colopathie, des spasmes ou une constipation. Presque sans y penser, je m'emploie avec mes mains à traiter ce dysfonctionnement et je mesure les retombées ; elles sont évidentes et me remplissent d'étonnement. En soignant le ventre, j'interviens positivement sur tout trouble fonctionnel ! Sur moi-même, et ce n'est pas la retombée la moins intéressante, je parviens maintenant à apaiser ces terribles crises de fatigue qui me poursuivent depuis toujours. Comme à mon habitude, je m'étends sur le dos et, au lieu de me masser doucement, j'entreprends de me broyer littéralement le ventre après avoir pincé fortement la peau, provoquant de violentes douleurs, pendant cinq à six minutes. J'agis, pris d'une sorte de fureur, mais je me sens bien, un peu comme si ces douleurs provoquées avaient eu raison de douleurs profondes, enfouies. Et, en effet, mes incontournables maux de ventre, ces compagnons féroces de ma vie, s'espacent après ces séances. Je décide, bien sûr, de continuer : je n'ai même plus besoin de m'étendre sur le dos. Je me masse fortement le ventre en position assise. C'est assez flagrant et, encore une fois, mon instinct me dicte ma conduite et me désigne la voie de ma future méthode : ces automassages en profondeur fatiguent mes mains. Pour les décrisper, je suis obligé de respirer profondément et régulièrement. Et je découvre l'extraordinaire efficacité de ce couplage massage-respiration : ma fatigue diminue de façon spectaculaire, je dors mieux, mon irritabilité décroît, et mes maux de ventre s'espacent de plus en plus !

J'ai un souvenir précis de ce moment crucial de ma carrière de thérapeute : j'ai compris le secret du bien-être, je me réconcilie avec la vie, mais, dans le même temps, je suis pris d'une énorme colère en pensant à tous les efforts inutiles que j'ai déployés, aux visites innombrables et coûteuses chez les médecins, aux médicaments divers que j'ai avalés.

Mais c'est la fierté qui domine. Je ne suis plus l'esclave de mon ventre, j'ai appris à respirer profondément et je commence à en prendre conscience, je connais les bases sur lesquelles je vais fonder une méthode dont j'entrevois les immenses possibilités : traiter en profondeur le ventre dont personne à l'époque ne pense qu'il est un second cerveau doué d'une activité propre en communication interactive avec l'autre et réapprendre à respirer. Par la suite, quand, grâce à Florence, je me mettrai à manger à des heures régulières en prenant mon temps, éliminant le stress, la précipitation, ces douleurs disparaîtront définitivement. À cette occasion, je comprendrai pourquoi les maux de ventre des hommes et des femmes que je traitais disparaissaient plus vite que les miens : ils avaient une vie moins difficile. À cette époque, il m'arrivait fréquemment de me lever à 4 heures du matin pour donner des soins à domicile, de me précipiter ensuite à l'hôpital où j'effectuais un stage, de reprendre mes cours à l'école de kinésithérapie de Boris Dolto et de terminer la journée très tard pour d'autres traitements. J'étais pris dans un véritable tourbillon et je me nourrissais d'une façon parfaitement anarchique, mangeant ce que je trouvais, dans les rares moments libres. J'ignorais encore l'importance primordiale, dans le cadre de ce qui allait devenir ma méthode, de la prise alimentaire régulière et lente.

J'ai vingt-huit ans et, sans le savoir encore, je suis en possession des éléments principaux de ma future méthode. Je poursuis ma formation et je travaille énormément « sur le terrain », comme on dit aujourd'hui. Je suis heureux, en grande forme et plein d'enthousiasme, débarrassé de ces douleurs térébrantes ; je découvre avec émerveillement les miracles que j'accomplis sur des patients aussi célèbres que le couturier Cristóbal Balenciaga, le grand danseur Rudolf Noureïev, la comédienne Audrey Hepburn, Mick Jagger, Frank Sinatra, ou des écrivains comme Joseph Kessel ou Romain Gary, des hommes d'affaires ou des personnalités comme Sylvain Floirat, Gianni Agnelli, Jean Prouvost, les sœurs Carita ou Hervé Mille.

J'avais lu *Les Mains du miracle*, de Joseph Kessel, et j'avais été fasciné par l'histoire de Kersten, masseur de Himmler, qui le traitait pour des maux de ventre violents. Kersten avait eu la chance de rencontrer un médecin chinois formé au Tibet, le docteur Ko, qui lui avait appris à localiser et à traiter manuellement et puissamment méridiens et plexus. C'est ce que je pratiquais instinctivement sur moi-même et sur mes patients sans rien connaître de la médecine chinoise. J'insistai auprès d'Hervé Mille, alors directeur de *Paris Match*, pour qu'il me présente son grand ami Kessel ; j'espérais rencontrer Kersten. C'était trop tard, il venait de mourir. Kessel me demanda de masser sa nuque, car il souffrait de violents maux de tête. J'obéis. Mais, après sa nuque, je le fis allonger sur le dos pour lui traiter le ventre, que je trouvai gonflé, spasmé et douloureux. J'essayai de me mettre à le traiter au niveau des plexus et des méridiens avec autant d'énergie que Kersten. Je lui arrachai des gémissements. Il me dit : « Pierre, vous n'avez rien à envier à Kersten, vous avez le même don que lui. » Ce propos devait changer ma vie, confirmant le don de guérir que j'avais hérité de mon père, en renforçant mon approche manuelle. Il n'est pas rare que des patients me disent : « Aucun des massages que j'ai eus jusqu'à ce jour n'a eu des effets aussi bénéfiques, aussi rapides ! » En travaillant leur ventre, j'obtiens des effets positifs, spectaculaires, sur les douleurs articulaires, les douleurs de dos, la fatigue, l'insomnie, les problèmes sexuels, à la grande surprise parfois de leur propre médecin. En me guérissant moi-même, j'avais trouvé le chemin de l'équilibre et du bien-être. J'avais, sans le savoir, mis en harmonie les deux cerveaux. Désormais, à travers les techniques manuelles que je vais perfectionner, je peux vivre intensément ma « passion du guérir ».

Ainsi, ma méthode s'est constituée dans mon adolescence, structurée pendant mes années d'études et confirmée pendant les premières années d'exercice de ma profession. Toutes les études que j'ai faites en dix ans en kinésithérapie, ostéopathie, diététique m'ont beaucoup apporté sur le plan de l'anatomie, de la physiologie articulaire, de la structure osseuse, des systèmes cardiaque, respiratoire, neurovégétatif ; j'ai beaucoup appris sur la valeur des aliments, les conséquences des excès ou des carences, sur les effets négatifs des régimes. Mais les problèmes de la santé du ventre n'étaient qu'effleurés. En parallèle de mes études, je traitais des patients de tous milieux et de toutes les cultures, j'obtenais sur eux de bons résultats mais mes études ne m'en donnaient pas l'explication. Cela me troublait beaucoup. Pourquoi le ventre était-il aussi mal considéré ?

Aujourd'hui, j'ai la réponse : on ignorait l'étroite communion entre le premier cerveau et le ventre, le second.

II

MA MÉTHODE

MA MÉTHODE

Elle repose sur sept bases : la respiration abdominale, une prise alimentaire lente et régulière, le choix des aliments, le sport-plaisir, la gymnastique des deux cerveaux, les automassages et la méditation abdominale. Chacune d'entre elles est en mesure d'améliorer votre état. Mais, pour se débarrasser définitivement d'un ou de plusieurs troubles fonctionnels, il est impératif de suivre chacune de ces sept règles de santé. En négliger une, c'est se priver d'un résultat optimal.

1 / La respiration abdominale

Elle est la condition principale de l'indispensable harmonisation entre le premier cerveau et le second cerveau, le ventre. Je l'appelle la « respiration détente-bien-être » et c'est sur elle, en priorité, que repose la bonne santé de votre ventre. Quand vous aurez appris (ou réappris) cette respiration, vous constaterez, non sans étonnement, de grands changements à l'intérieur de vous-même et vous ne pourrez plus vous en passer.

2 / La prise alimentaire régulière et lente

Pour fonctionner parfaitement, et garantir la santé de tout votre organisme, votre ventre doit être alimenté selon certaines règles simples, qui respectent les rythmes biologiques et éliminent toute rupture avec le cerveau supérieur. Quelques bonnes (et agréables) habitudes à prendre.

3 / Choisissez vos aliments

Ne mangez plus n'importe quoi. Abandonnez toute forme de régime. Sélectionnez vos « nutraliments » suivant votre goût, vos problèmes et quelques règles non contraignantes. La santé de votre ventre en dépend.

4 / Trouvez votre sport-plaisir

Pour remplir pleinement son rôle, vous garder en pleine santé et vous guérir, votre ventre a besoin d'activité physique et de capacité d'endurance. Le sport remplit cette mission, mais pas n'importe quel sport : suivez mes conseils pour fortifier en même temps votre cœur, votre système nerveux, et atteindre la détente psychologique indispensable.

5 / La gymnastique des deux cerveaux

L'harmonie entre les deux cerveaux est une des bases essentielles de ma méthode. Elle implique un ventre plat et musclé, un dos souple, des articulations mobiles. Ces quelques exercices faciles que je vous propose font appel aux deux cerveaux et vous deviendront vite familiers. Ils reposent sur ma méthode de « l'imagination ».

6 / Les automassages

Pour rendre au ventre sa santé et le garder définitivement dans une condition optimale, massez-vous le ventre, et la tête, quelques instants chaque jour. Facile, agréable, relaxant et efficace ; suivez les conseils puisés dans mon expérience.

7 / La méditation abdominale

On sait maintenant que le ventre n'est pas un organe inerte, une tuyauterie, mais un véritable second cerveau, siège d'une vie abstraite, autonome, cellulaire, couplée intimement avec le cerveau principal. Je vous engage à penser, aussi, avec votre ventre à comprendre sa vie intime, gage d'une santé retrouvée et préservée.

LA RESPIRATION ABDOMINALE

La quasi-totalité des adultes et des adolescents en tout cas, ceux que je vois quotidiennement dans mon cabinet ne respire qu'à moitié. Sous la pression de la société, on pourrait presque écrire : de la civilisation, ils ont perdu la respiration naturelle de leur prime enfance : jusqu'à l'âge de deux ans environ, c'est-à-dire jusqu'à ce qu'il ait pris conscience de son « moi » et du rapport au monde extérieur, l'enfant remplit d'air, en même temps, ses poumons et son ventre. Et les vide, instinctivement, de la même façon.

Puis il entre dans le monde du stress, de la peur, de la timidité, bref, des émotions, et accélère son rythme respiratoire. La respiration naturelle « spontanée », animale, profonde, de la prime enfance disparaît au profit de la respiration « sociale », beaucoup moins profonde, qui ne fait appel qu'aux poumons et aux bronches et, encore, pas totalement. La quantité d'air qu'on fait pénétrer dans l'organisme diminue de moitié. On « oublie » de respirer par le ventre. C'est une véritable catastrophe et pour plusieurs raisons.

D'abord, pour votre ventre. Sans l'apport d'oxygène

indispensable, il dépérit et entre en dysfonctionnement. C'est l'ouverture vers les troubles neurovégétatifs (colite, spasmes douloureux, constipation), les problèmes de l'assimilation-élimination et leur cortège de conséquences presque automatiques : fatigue, insomnies, nervosité, prise de poids, problèmes sexuels, allergies, etc.

Mais il y a plus grave, à mon avis : en abandonnant, sans le savoir, la respiration abdominale de l'aurore de la vie, on coupe sans s'en rendre compte la communication entre le ventre, votre second cerveau, et le cerveau supérieur. Il y a rupture. Et cette rupture est à l'origine de nombreux maux et accroît ceux que j'ai cités plus haut. Si vos deux cerveaux ne fonctionnent pas en harmonie, c'est votre santé dans sa globalité qui est menacée ; il est alors presque impossible d'atteindre, même avec des médicaments stimulants, antidépresseurs, anxiolytiques, cet état de bien-être, de détente, qui est une des conditions du bonheur.

Notons que femmes et hommes ne sont pas à égalité dans cette situation de respiration insuffisante. Chez les hommes, la respiration incomplète est plutôt diaphragmatique, plutôt costale et thoracique chez la femme. Mais, quand la respiration s'accélère sous le choc d'une émotion, d'un stress, d'une angoisse, hommes et femmes se retrouvent alors dans la même précipitation respiratoire.

Une inspiration prend, en gros, un peu plus d'une seconde, comme une expiration. On inspire-expire donc environ vingt fois par minute, mille deux cents fois par heure, quinze mille fois par vingt-quatre heures compte tenu du ralentissement des sept heures de sommeil. (J'ai calculé qu'en une année on accomplissait cet acte respiratoire cinq millions de fois et demie environ.) La respiration rythme notre vie et conditionne notre survie. En rechargeant le sang en oxygène, elle assure le fonctionnement de tous nos organes et, en particulier, de nos deux cerveaux. C'est dire son importance.

Or nous respirons de plus en plus mal, de plus en plus vite, et les contraintes, la multiplication des émotions, des impatiences, des stress, des messages que nous enregistrons dans notre travail et à travers les médias, la sédentarité, l'alimentation précipitée et mal choisie, bref, la vie moderne, accroissent encore cette situation désastreuse. Et elle ne cesse d'empirer. Il y a vingt ou trente ans, on respirait mieux, de façon moins haletante.

Emmanuelle, vingt-sept ans, célibataire, jolie femme, cadre dans une grosse entreprise, avait pratiquement perdu le sommeil. Elle me confia qu'elle passait par des phases d'excitation extrême succédant à des périodes de dépression. Sa vie sentimentale était en dents de scie. Deux fois par semaine, Emmanuelle suivait un cours de gymnastique en musique, associé à des séances de musculation. Elle croyait que la fatigue physique allait lui permettre de se défouler, de chasser ses anxiétés et de retrouver un sommeil plus régulier. Elle choisissait plutôt bien ce qu'elle mangeait, mais elle mangeait trop vite et buvait trois à quatre cafés par jour, en plus de celui, sacro-saint, du petit déjeuner sans lequel, pensait-elle, elle serait incapable d'aller travailler. Je découvre un corps harmonieusement musclé ; mais son ventre, à la palpation, est dur, spasmé, douloureux. Il me semble évident que les activités sportives d'Emmanuelle, trop exigeantes et pratiquées trop tard, en soirée, ne font en réalité qu'augmenter sa fatigue et dérégler son horloge biologique. Je réussis à lui faire comprendre qu'après 17 heures on doit déjà se préparer au sommeil, et qu'au lieu de pratiquer des exercices trop toniques elle doit rechercher une gymnastique douce, lente, de relaxation. En même temps, je la persuade de supprimer les cafés de la journée, sauf celui du matin qu'elle ne prendra qu'après avoir avalé du solide. Et de manger plus lentement. Elle accepte de pratiquer ma respiration-détente toutes les heures. Trois semaines plus tard, elle est transformée. Son ventre est souple et détendu, son visage est reposé, elle a retrouvé le sommeil. Sa nouvelle respiration abdominale a fortifié tout son organisme. Tous nos organes et toutes nos glandes profitent au maximum de ce surcroît d'oxygène.

Réapprendre à respirer par le ventre, ce que je vous propose dès les premières pages de ce livre, est à mes yeux la première étape vers un retour à la santé et au bien-être. Cela aura pour effet principal, je le répète, de remettre en harmonie vos deux cerveaux.

Quand le ventre retrouve son rôle

Ma première initiative va donc consister à vous faire retrouver, à vous réapprendre, la respiration abdominale, celle que vous pratiquiez naturellement, instinctivement, dans votre prime enfance. Ce n'est ni difficile ni astreignant. Et, croyez-moi, cela en vaut la peine. Quand vous aurez réussi en quelques jours, au maximum en une ou deux semaines, vous prendrez tout de suite la mesure du changement sur votre ventre, sur votre mental. Il y a de fortes chances que vous éprouviez très rapidement une impression de détente, de bien-être, signe que vos deux cerveaux ont retrouvé leur harmonie, et que s'établit un nouvel équilibre de tout votre corps.

Comment faire ?

Avant toute chose, il faut vous persuader que l'air que vous inspirez va pénétrer dans votre ventre — qu'il va donc retrouver le rôle important, essentiel, qu'il a perdu depuis votre enfance. Cette idée va déterminer les manœuvres simples que je vais vous demander d'accomplir.

Votre premier geste de retour à la respiration abdominale va être de libérer, de débloquer, votre diaphragme. Ce muscle très puissant situé entre le thorax et l'abdomen, sous le cœur et au-dessus des organes digestifs, est le vrai chef d'orchestre de la respiration profonde. Le diaphragme est constamment sollicité : il s'abaisse à l'inspiration et remonte à l'expiration, environ vingt fois par minute, mille deux cent fois en une heure, vingt-huit mille fois par vingt-quatre heures en tenant compte du ralentissement du sommeil. L'amplitude de ce mouvement de va-et-vient détermine la quantité d'air absorbé et la participation de l'abdomen à cette manœuvre. Notons au passage qu'en développant, par le seul effet de la volonté et un léger effort, les mouvements inspiration-expiration du diaphragme conduisant à la respiration abdominale on exerce aussi un massage naturel sur la vésicule, le foie, le pancréas, la rate, les intestins ; on favorise les fonctions d'assimilation-élimination. Enfin, en stimulant les plexus, directement reliés par le nerf vague (voir encadré) au premier cerveau, on participe à l'harmonie indispensable entre les deux cerveaux. Mieux alimentée en oxygène, l'hypophyse, glande endocrine située à la base du premier cerveau, crée plus d'endorphines, qu'on appelle aussi les « hormones du bien-être ». Il suffit d'une seconde et demie d'inspiration supplémentaire (alors que ma respiration abdominale vous en offre cinq au minimum) pour que le premier cerveau augmente sa production d'endorphines, alliées précieuses dans la résistance au stress, aux agressions. Ces endorphines permettent aux différents systèmes du corps de mieux fonctionner. Conséquence : meilleur développement des cellules immunitaires créées par le ventre.

Vous allez donc vous entraîner à développer le mouvement du diaphragme, donc à respirer plus profondément et plus lentement. Cela paraît élémentaire. Chacun de nous, à un moment ou à un autre, est obligé d'accélérer ou d'approfondir sa respiration après un effort, une course, un stress, etc. quand le corps réclame un surplus d'oxygène. Ce que je vous demande, c'est de respirer plus lentement et plus profondément, en mettant en jeu l'abdomen, dans toutes les circonstances de la vie.

Libérez donc votre diaphragme, qui a trop tendance à se bloquer, à précipiter et à raccourcir votre rythme respiratoire. En même temps, imaginez que l'air que vous respirez va pénétrer, d'abord, dans votre ventre. Faire pénétrer l'air extérieur dans votre ventre est la base de la respiration abdominale celle que nous avons abandonnée, celle que la vie moderne nous a fait perdre. Certains vont s'étonner à l'idée que l'air qui pénètre par le nez puisse atteindre le ventre et y séjourner. C'est pourtant une réalité. Et vous ne tarderez pas à la ressentir et à en éprouver les bienfaits.

Faire pénétrer l'air inspiré dans le ventre ne demande aucun effort particulier, simplement un peu de concentration.

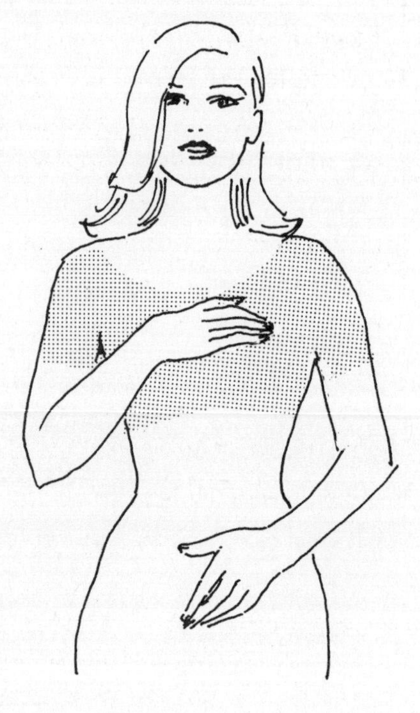

Très vite, en plaçant une main sur votre ventre, vous le sentirez se gonfler, puis se vider.

Ce sera, au début, une sensation presque imperceptible, qui deviendra ensuite de plus en plus évidente.

Vous constaterez que, dans le même temps où vous gonflez et dégonflez la poitrine, votre ventre augmente ou diminue aussi de volume.

C'est évidemment moins spectaculaire qu'au niveau du thorax, mais le mouvement est très net et, avec l'habitude, va s'accélérer.

Cela signifiera simplement que vous avez retrouvé la respiration abdominale. Toute votre vie en sera changée.

Le nerf vague et la respiration

Les deux cerveaux communiquent principalement par l'intermédiaire du « nerf vague », appelé aussi pneumogastrique, qui part de la boîte crânienne, descend le long du cou, traverse le thorax et pénètre dans l'abdomen. Il parcourt les trois systèmes : cardio-vasculaire, respiratoire, digestif, et innerve glandes et organes.

Dans le système respiratoire, le nerf vague donne la sensibilité aux muqueuses des voies respiratoires (pharynx, larynx, œsophage, trachée, poumons et bronches) et transmet le rythme, la force et la fréquence de la respiration. Grâce au nerf vague, chaque phrase respiratoire, quelle que soit son intensité, est répercutée simultanément dans les deux cerveaux.

Les secrets de la respiration abdominale

Dans sa phase d'apprentissage, l'exercice destiné à vous faire retrouver l'indispensable respiration abdominale doit se pratiquer allongé. Par la suite, vous reproduirez la manœuvre d'inspiration-expiration mettant en action, dans le même élan, poumons et ventre, dans n'importe quelle position — assis, debout, immobile ou en mouvement. Elle deviendra instinctive, automatique, dès que votre ventre sera libéré et en mesure de recevoir et de rejeter l'air que vous lui envoyez. Vous reproduirez l'exercice d'inspiration-expiration profonde cinq fois par heure.

C'est une des bases principales de ma méthode, et tous les conseils que je vais vous donner par la suite, concernant votre alimentation, votre activité physique, la reconquête du calme par la méditation en résumé, la mise en harmonie de vos deux cerveaux, s'y rattachent.

Vous avez maintenant « libéré » votre diaphragme, vous le contrôlez mieux, ce qui vous assure une respiration plus lente et plus profonde, à laquelle, désormais, votre ventre est associé.

Première conséquence, votre défense contre les agents perturbateurs extérieurs (inquiétude, stress, impatiences, et même mauvaises habitudes alimentaires) s'est améliorée !

Grâce à cette nouvelle respiration pratiquée cinq fois de suite par heure, vous vous sentez plus calme, plus détendu : vos deux cerveaux vont (ou sont en train de) retrouver une parfaite cohésion.

Respirez donc en profondeur abdominalement où que vous vous trouviez — chez vous, au travail, en voiture, dans un transport en commun.

Si, au début, vous ressentez quelques étourdissements, un léger vertige, ne vous inquiétez pas. Cela est dû simplement au surcroît d'oxygène qui peut accélérer les battements du cœur.

Sachez que, si vous pratiquez ces exercices respiratoires au total quarante à cinquante fois entre réveil et coucher, cela équivaut, sur le plan de l'oxygénation et de la circulation sanguine, à une dizaine de kilomètres de marche à pied !

Pour éviter troubles et désagréments, il vous suffit de diminuer la fréquence de l'exercice passez à trois inspirations-expirations par heure jusqu'à disparition des problèmes. Par la suite, repassez à cinq.

Je suis sûr que, si vous suivez mes indications et accomplissez ces manœuvres respiratoires toutes les heures, vous en constaterez très vite les effets positifs, et pas seulement sur votre ventre. C'est aussi, comme je l'ai déjà souligné, le massage naturel le plus efficace pour les glandes et les organes. J'ai observé que le retour à la respiration abdominale de l'enfance s'accompagnait de toute une série de phénomènes physiques favorables, dont une vasodilatation et une vasoconstriction des intestins améliorant le processus, si important, d'assimilation-élimination. C'est d'ailleurs sur la respiration abdominale profonde que se fonde le yoga oriental.

Récemment, j'ai pris connaissance des travaux du docteur John Seskevitch, de l'université de Caroline du Nord, qui a réappris la respiration abdominale à dix-huit mille patients suivis pendant une quinzaine d'années. Parmi eux, la moitié environ étant cancéreux. « Je ne prétends pas les avoir tous guéris par la respiration abdominale, a-t-il écrit. Mais j'ai amélioré beaucoup de cas et évité bien des séjours dans des unités de soins intensifs. En particulier, à des malades à qui on répétait depuis des années, et sans aucun succès : détendez-vous !

Par cette respiration, j'ai fait remonter le taux d'oxygénation de nombreux patients qui éprouvaient des difficultés à respirer et j'ai considérablement amélioré leur état général. »

Une relation harmonieuse

La respiration, ne l'oublions pas, est la seule fonction physiologique qui peut être activée de manière consciente.

Si elle est en partie régulée par le système nerveux, par le nerf vague et les nerfs sensitifs crâniens ou rachidiens, si elle est affectée par les émotions ou les efforts physiques ou mentaux, elle peut aussi être activée, accélérée ou ralentie par notre volonté.

Nous sommes capables de modifier son amplitude, son rythme, nous pouvons la bloquer au moins jusqu'à ce que le corps, privé d'oxygène, la réclame et reprenne ses droits, sous peine de suffocation.

Nous avons le devoir d'utiliser ces possibilités au maximum.

Bien sûr, je ne vous demande pas d'aller aussi loin que les yogis qui, par le contrôle respiratoire, parviennent à abaisser leur température, leur tension artérielle, à supprimer toute sensation. Mais j'entends vous faire profiter au maximum d'une respiration naturelle retrouvée, dégagée des contraintes, et riche de possibilités.

C'est un gage de jeunesse.

Le chanteur Henri Salvador, quatre-vingt-trois ans, déclarait récemment : « Pour moi, développer la respiration, c'est rajeunir. »

Dès que vous aurez retrouvé le moyen de gonfler et de vider votre ventre en même temps que vos poumons, vous sentirez votre ventre vivre, vibrer et remplir au maximum ses fonctions de second cerveau.

La communication avec le premier cerveau, que je

considère comme essentielle dans le combat pour la santé, le bien-être, la guérison ou la prévention d'un grand nombre de maladies, sera garantie, et sur cette harmonie se créera un nouvel équilibre.

La respiration abdominale est, en résumé, la condition principale d'une bonne intercommunication entre les deux cerveaux.

Sans cette relation harmonieuse, votre ventre ne pourra pas jouer le rôle qui doit être le sien dans l'équilibre et la santé de votre corps. Et, réciproquement, sans un ventre en parfaite condition, le cerveau supérieur, où naissent notre sensibilité, notre intelligence, nos intuitions, où s'enregistrent nos sensations, nos émotions et où se construit notre équilibre, ne fonctionnera jamais au maximum.

Comment réapprendre à respirer par le ventre

Premier exercice

Allongé sur le dos, jambes repliées, placez un livre sur votre ventre, un second livre sur la poitrine.

Posez une main sur chaque livre. Inspirez lentement par le nez, entre sept à dix secondes, en vous efforçant de diriger d'abord l'air inspiré vers le ventre.

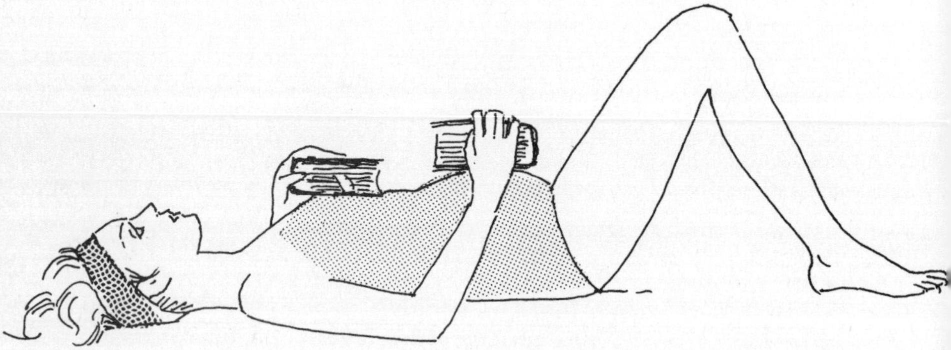

Si, au début, cela vous semble difficile, irréalisable, n'éprouvez aucune inquiétude. Cela signifie simplement que votre ventre a perdu l'habitude de recevoir de l'air, qu'il n'est plus capable de capter le message « inspiration-expiration » que vous lui adressez par l'intermédiaire du premier cerveau. Votre ventre est bloqué, et vous êtes prisonnier de votre respiration thoracique.

Insistez, continuez sans vous décourager, car l'échec est impossible. À un certain moment au bout de quelques essais qui peuvent prendre du temps, vous allez sentir que le livre placé sur votre ventre s'élève, d'abord imperceptiblement, plus nettement ensuite.

Cela signifie que vous avez retrouvé votre respiration abdominale. Bravo.

Vous constaterez que le livre placé sur votre poitrine s'élève à l'inspiration en même temps que le livre du ventre et s'abaisse de la même façon synchrone. Cela signifie que votre respiration est devenue globale et que la communication entre les deux cerveaux est rétablie — avec toutes les conséquences heureuses pour votre santé que je développe plus avant dans ce livre.

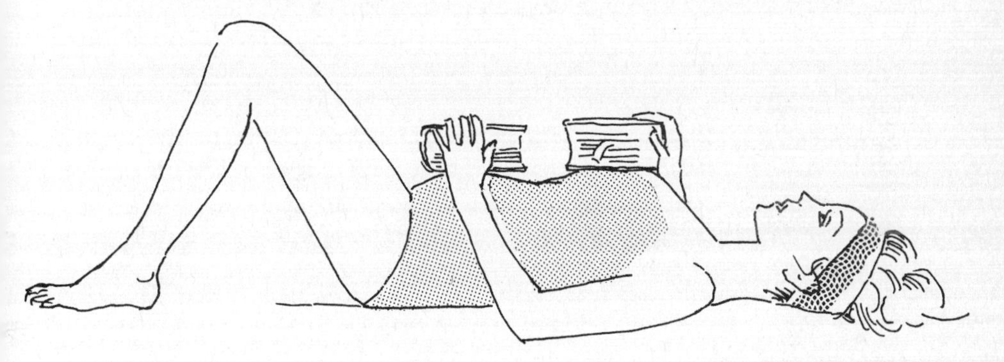

Entre inspiration et expiration, observez un palier, c'est-à-dire gardez l'air dans les poumons et dans le ventre pendant une ou deux secondes.

Expirez par le nez ou la bouche en vous efforçant de vider d'abord le ventre (le livre qui y est placé s'abaisse légèrement), puis les poumons (le livre placé sur la poitrine s'abaisse également). À la fin de l'expiration, creusez votre ventre au maximum, le nombril tendant à se rapprocher de la colonne vertébrale. L'expiration doit durer de sept à dix secondes. Les livres posés sur votre ventre et votre poitrine s'abaissent de façon plus marquée.

Deuxième exercice

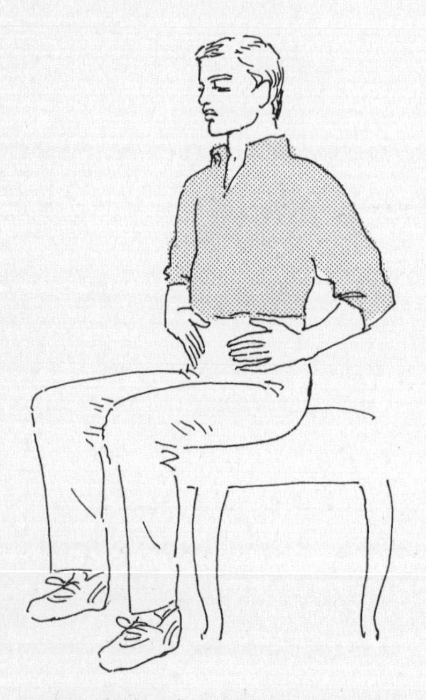

Les mains posées sur le ventre, inspirez lentement par le nez pendant sept à dix secondes, dirigez l'air vers votre ventre et gonflez-le.

Entre inspiration et expiration, observez un palier de une ou deux secondes.

Expirez pendant sept à dix secondes en enfonçant vos poings dans le ventre pour le rentrer au maximum.

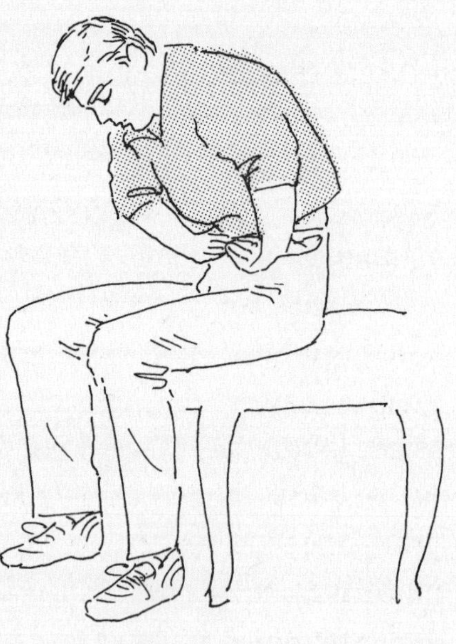

Dans le cas (très rare, selon mon expérience) où vous avez l'impression que, en dépit de vos efforts, vous ne parvenez pas à débloquer votre diaphragme et à faire pénétrer l'air dans votre ventre, demandez l'aide d'un thérapeute ou d'un ami sportif, comédien ou chanteur : tous pratiquent la respiration abdominale professionnellement. C'est la condition de leurs performances.

UNE PRISE ALIMENTAIRE RÉGULIÈRE ET LENTE

Pour être en bonne santé, votre ventre, ce second cerveau, dont le « couplage » avec le premier revêt pour moi une importance capitale, exige une attention particulière. Manger est à la fois une nécessité et un plaisir. Une femme ou un homme, arrivé(e) à soixante ans, a consacré à cette activité plus de cinq ans de sa vie. Comme le premier cerveau, le ventre est en activité permanente, jour et nuit. Quand on dort, l'activité cérébrale continue. On rêve. De même, l'activité du second cerveau digestion, assimilation, élimination est ininterrompue.

Votre ventre, son fonctionnement optimal, sa santé, son harmonie avec le cerveau supérieur dépendent en grande partie de l'alimentation, même si d'autres facteurs jouent un rôle dans les processus compliqués de la fonction digestive. Depuis que je me penche sur les problèmes du ventre, sur son rôle dans le maintien des équilibres du corps et de l'esprit, sur son potentiel de guérison et de prévention, je suis frappé par l'importance des aliments que nous lui fournissons et par les conditions dans lesquelles nous les absorbons. Si certains ont pu écrire, pour stigmatiser les excès de toutes sortes, qu'on « creusait sa tombe avec sa fourchette », j'affirme, moi, que c'est à table qu'on construit sa santé, à travers le fonctionnement du second cerveau et sa mise en harmonie avec l'autre. En veillant à ne pas manger n'importe quoi (on en aura la confirmation dans le chapitre suivant consacré au choix des aliments) et à ne pas manger n'importe comment.

Premier point : le moment où on mange doit être déterminé avec soin. Manger nerveusement, sans appétit et sur le pouce, à tout moment, est une erreur capitale. On sait que le sommeil du début de la nuit est plus réparateur que celui de la fin, que les cycles des rêves se répètent à intervalles réguliers. On a découvert les secrets du premier cerveau, du moins en grande partie. On ne connaît encore que peu de chose sur les phénomènes de la transformation des aliments dans notre second cerveau. Ils conditionnent pourtant, dans une grande proportion, la santé de notre ventre.

Respectez votre horloge biologique

Notre vie est réglée par une horloge biologique qui remonte à l'enfance et dont le mécanisme secret se trouve dans l'hypothalamus. Ce sont les rythmes qui en réalité jouent un rôle essentiel dans le maintien de la santé. Et, en particulier, dans les processus d'assimilation-élimination si importants pour la santé du ventre. En matière d'alimentation, respectez votre horloge biologique. La santé de votre ventre en dépend.

Jadis, à la campagne, où nul n'avait le droit de tomber malade, on considérait les heures de repas comme des moments quasiment sacrés, dont rien ne pouvait bouleverser l'ordonnance.

Dans mon enfance, pendant les durs travaux des champs, les hommes n'acceptaient aucun retard dans l'acheminement de leur déjeuner, ou de leur casse-croûte.

Ils ne pouvaient pas se permettre de s'aliter (la protection sociale et les 35 heures n'existaient pas). La bonne marche de la ferme, le développement de leur élevage dépendaient d'eux. Ils tiraient leurs forces et leur santé du respect parfait de leur horloge biologique.

La vie moderne ne tient plus compte de ces nécessités : on mange n'importe quoi n'importe où, quand on en a le temps, à n'importe quelle heure, suivant son programme de travail. C'est à mes yeux une erreur très grave, aux conséquences désastreuses.

L'horloge biologique, maltraitée, bousculée, se venge, dérègle les plexus de l'assimilation-élimination (plexus solaire, vésiculaire, pancréatique, intestinal, etc.), provoquant des dégâts dans l'organisme en particulier dans le ventre qui se désynchronise du cerveau supérieur.

Tous les équilibres, les rapports internes sont perturbés, et je vois dans cet état de fait la source de nombreux troubles fonctionnels des différents systèmes, sans parler de maladies graves, d'allergies, de baisse d'énergie et de risque cardiaque.

J'ai en mémoire le cas d'une de mes patientes, Simone V., quarante-deux ans, divorcée : depuis le départ de son mari, elle mangeait de façon totalement irrégulière, sans faim et sans plaisir, et avait grossi de dix kilos. Elle avait perdu toute confiance en elle. Les régimes n'avaient fait qu'accentuer son désarroi. Je la persuadai qu'avant toute chose elle devait remettre son horloge biologique à l'heure. Grâce à ma méthode de respiration-détente, et en remplissant son « journal alimentaire » (voir p. 74-75), elle prit conscience des désordres de son comportement.

Dès la première semaine, mangeant plus lentement et à des heures régulières, elle perdit deux kilos, son ventre était moins gonflé, moins spasmé ; ce qui l'encouragea à attaquer les autres phases de ma méthode : activité physique régulière, méditation abdominale, etc.

Ses deux cerveaux étant réconciliés, elle perdit ses dix kilos superflus, retrouva sa silhouette d'avant son divorce, sa confiance en elle et le goût du bonheur.

Il est essentiel pour la santé de votre ventre, pour un bon couplage avec le cerveau encéphalique et pour se protéger éventuellement de la « spasmophilie » (dysfonction du système neurovégétatif), de manger régulièrement en fonction de votre horloge biologique.

Celle-ci demande trois, quatre ou cinq repas par jour suivant votre activité.

La « faim » ou l'appétit qui naissent en même temps dans les deux cerveaux vous renseignent sur ce point ; ils étalonnent votre horloge biologique.

La prise alimentaire irrégulière, chaotique, anarchique est absolument incompatible avec un ventre en bonne santé.

Bien sûr, dans certains « cas de figure » particuliers, travail de nuit, voyages, décalage horaire (trajet long), etc., on ne peut éviter des déréglages de l'horloge biologique.

Des travaux récents ont étudié les modifications des métabolismes entraînées par ces ruptures répétées d'horaires de repas. On a étudié aussi les retombées du plat unique et de la prise alimentaire nocturne. On a trouvé des augmentations des taux de cholestérol, des dépôts graisseux sur les artères et toute une série de signaux pouvant conduire vers le diabète et d'autres maladies.

Il a été démontré, dans les mêmes études, que la digestion s'accomplit de façon différente pendant la nuit. Pour le même repas, pris autour de midi, et à minuit, l'apport en sucre dans l'organisme diffère.

Si le repas, dans l'un ou l'autre cas, est pris très vite, ou dans un contexte de stress, les dégâts sont encore plus importants. L'une des conséquences du repas trop rapide est que l'envie de fumer se fait plus vive ; de même, on a recours aux excitants, alcool, café, thé, etc., générateurs, chacun le sait, de troubles divers — coronariens, allergies, baisse d'énergie.

Les chercheurs se sont aussi penchés sur les jeûnes religieux comme celui du ramadan et ont observé des modifications chimiques, psychiques et même hormonales. Personnellement, je suis opposé à toute forme de jeûne, que je considère comme source de carences. Dans le même esprit, je conseille de ne jamais sauter un repas, de diminuer éventuellement les quantités si l'appétit n'est pas au rendez-vous, ou si vous êtes souffrant, de ne jamais dérégler, dans la mesure du possible, l'horloge biologique.

Il faut éviter contrairement à ce que préconisent différents régimes de supprimer un ou plusieurs aliments. L'absence de certaines vitamines pendant quatre jours affaiblit les défenses immunitaires on en a maintenant la démonstration scientifique. L'estomac sécrète à heures fixes les sucs digestifs (chronobiologie de la prise alimentaire) : s'ils n'ont rien à traiter, ils se transforment en acides et autres poisons intoxiquant tout le système neurovégétatif d'où fatigue, prise de poids, rhumatismes, douleurs, etc.

Si, pour une raison quelconque, votre horloge biologique est déréglée, si vous mangez à toute heure, si vous cédez aux facilités du grignotage, si vous êtes pris par la fringale, si la faim vous conduit à vous lever la nuit pour vider votre frigidaire, il importe de retrouver au plus vite les repères de votre horloge biologique.

Notre estomac est programmé pour traiter les graisses (lipolyse nocturne) pendant le sommeil. Redémarrez sur le petit déjeuner léger (voir p. 104), puis ménagez un délai de quatre heures entre chaque prise alimentaire.

Au bout de quelques jours, votre horloge biologique aura retrouvé sa cadence naturelle et respectera de nouveau vos cycles neuroendocriniens.

Boulimie, grignotage et fringale

La boulimie. Cette propension à manger sans appétit, à toute heure, n'importe quoi, dans n'importe quelle condition est avant tout un trouble du premier cerveau qui retentit sur le second. Elle aboutit toujours à un stockage excessif des graisses.

Le grignotage est une prise répétitive et automatique de faibles quantités d'aliments. Déclenché sans faim, le grignotage provoque une sécrétion d'insuline rapide. Le glucose disponible est utilisé immédiatement, alors que les lipides sont stockés en réserve, car leur utilisation est lente et modérée. La sensation de faim réapparaît assez vite et on grignote de nouveau.

La fringale (en anglais *hunger pangs*, « tiraillements de faim ») décrit une envie urgente de manger en dehors des repas. La raison peut être recherchée dans l'insuffisance du repas précédent ou dans une hypoglycémie née d'un effort physique prolongé, ou d'un choc émotionnel.

Boulimie, grignotage, fringale mettent en dysfonction le système neurovégétatif jamais au repos ; il se fatigue, encrasse les voies hépato-biliaires et bilio-pancréatiques.

Conséquences : indigestion chronique, gonflement des côlons, des intestins, inflammation de la muqueuse intestinale. Variations de poids rapides retentissant sur les paramètres glucidiques et lipidiques, entraînant une fatigue, un état dépressif, des troubles cardio-vasculaires, lymphatiques, hormonaux mettant en dysharmonie les deux cerveaux.

Soyez détendu

J'ai placé en tête de ma méthode qui garantit la santé du ventre ces deux impératifs : 1) manger à heures régulières ; 2) manger détendu.

Ce deuxième point mérite quelques explications : le stress, l'émotion, la précipitation, l'impatience, etc., sont des obstacles à une bonne assimilation-élimination et retentissent immédiatement sur tous les autres systèmes. Au niveau de l'estomac se crée une hypersécrétion acide, une dysfonction, excès ou insuffisance de la sécrétion biliaire et de l'insuline, à l'origine d'aigreurs, de spasmes, de sueurs froides et de douleurs (et de troubles ultérieurs des côlons et de l'intestin grêle). Le pylore, muscle circulaire situé à la sortie de l'estomac, est très sensible au stress, à la nervosité, aux émotions et aux excitants (thé, café, alcool, tabac). Il s'ouvre lorsque le bol alimentaire est bien broyé et bien traité dans l'estomac. Environ, une heure et demie après l'ingestion, il laisse passer le bol alimentaire en surveillant sa quantité, sa consistance. Il est la douane de la digestion. C'est lui qui à la fois arbitre le passage des aliments vers l'intestin et garantit une bonne flore intestinale et toute la suite de la digestion, protégée des spasmes, fermentation, ballonnements, douleurs, indigestion chronique, constipation. Le pylore est à l'origine des vomissements quand il se bloque, car il est directement relié au premier cerveau.

Ces troubles, répercutés dans le premier cerveau, vont être responsables de « coups de pompe », de lourdeurs, de nervosité, d'angoisse, de manque de concentration.

La flore intestinale

Le tube digestif des nouveau-nés est stérile. Au bout de quarante-huit heures, les bactéries le colonisent ; la flore bactérienne est variable selon que l'enfant est nourri au sein ou au biberon. En trois à six mois, la flore se modifie pour produire des anticorps intestinaux.

À cinq ans, l'ensemble du système immunitaire est mature chez l'homme. La microflore intestinale renferme environ 100 000 milliards de bactéries de quatre cents espèces différentes.

Le stress, l'anxiété, l'émotivité… mais aussi les erreurs alimentaires et la prise alimentaire rapide agissent sur la digestion en stimulant ou ralentissant la motricité intestinale et en modifiant la microflore.

Avec un ventre en mauvaise santé, nous ne bénéficions plus de tous les bienfaits de la flore intestinale qui sont les suivants :

• Production d'acides gras pour diminuer le mauvais cholestérol.

• Dégradation des nutriments qui ne sont pas absorbés par l'intestin grêle.

• Apport supplémentaire de vitamines grâce à certaines bactéries qui les synthétisent.

• Élimination en quelques jours ou maintien en sous-dominance de bactéries pathogènes.

• Protection contre les hypersensibilités alimentaires, les réactions inflammatoires et les allergies…

• Renforcement du système immunitaire intestinal.

Certains aliments, les fruits et légumes, le thé… contenant des fibres et des antioxydants résistent aux enzymes digestives et sont des partenaires de qualité pour modifier, renforcer de façon bénéfique pour tout l'organisme notre flore intestinale.

Un ventre en bonne santé, avec une flore intestinale en mesure de combattre les agresseurs, permet de lutter plus efficacement face au stress et aux agressions de la vie.

Il a été démontré que le stress pendant le repas abaissait dans l'organisme les sécrétions de cortisone, de mélatonine, de testostérone, etc. Manger devant la télévision, par exemple, comporte des risques. D'abord, par les chocs émotionnels qu'on peut recevoir dans le premier cerveau (au journal télévisé, notamment) qui provoquent des microtraumatismes au niveau du second cerveau. Et, plus simplement, par l'alternance lumineuse des différents messages. Je suis catégorique : il faut absolument se mettre à table dans un esprit de détente. Si on sort d'un état de stress, ou si on est encore stressé, il faut pratiquer juste avant de manger mes exercices de respiration bien-être (p. 38). Ne jamais oublier que la détente, pendant le repas, est favorable à l'harmonisation entre les deux cerveaux, le cerveau supérieur ayant pour mission de mettre l'autre en état de parfaite réceptivité. Dans cet esprit, je conseille toujours à mes patients d'établir un roulement, avec la femme et les enfants, pour servir et desservir à table. De même, je suis persuadé qu'une petite marche à pied après un repas ou même une vaisselle faite en commun contribuent à la détente et à la bonne digestion.

On mange toujours trop vite

L'autre élément majeur de ma méthode en matière d'alimentation est la lenteur dans la prise alimentaire. En d'autres termes, manger lentement est une des conditions de la bonne santé du deuxième cerveau.

Vous ne devez jamais avaler en vitesse les aliments, sans mâcher : même les premières bouchées doivent être abondamment imprégnées par la salive, mélange d'eau, de protéines et de sels minéraux (calcium, phosphore), qui protège les dents et, grâce à ses enzymes, réduit l'acidité buccale. Son action désinfectante est capitale dans le processus d'assimilation-élimination. La digestion, ne l'oublions pas, commence avant de manger quand on a le sentiment d'avoir « l'eau à la bouche ». En cas d'absence de salive, ou de trop faible sécrétion, on risque de nombreux désagréments, en particulier l'acidité gastrique. Il faut être attentif aux médicaments qui modifient la composition chimique de la salive, assèchent la bouche. En plus de perturber le goût des aliments, ces produits ont des effets nocifs sur le ventre. Dans cette catégorie de « dérégleurs » des sucs digestifs, je place le café et le thé, le tabac — et tout alcool pris sans être précédé par un aliment solide. Les neurodépresseurs, les anti-inflammatoires, etc., engendrent souvent des troubles digestifs, induisent des troubles fonctionnels et entraînent souvent l'apparition de kilos superflus.

C'est dans cette perspective que j'ai mis au point des exercices d'automassage des maxillaires du visage et du crâne qui stimulent les terminaisons nerveuses reliées au nerf vague. Ces automassages non seulement régularisent la sécrétion salivaire, mais aussi détendent le système nerveux central ; ils ont une incidence sur le goût, l'odorat, la vision et l'ouïe. La stimulation des points sensitifs et moteurs du visage favorisent l'assimilation. Vous y aurez recours chaque fois que la salive vous fait défaut avant le repas et en cas de prise médicamenteuse. Notez aussi que les exercices de respiration-détente favorisent la sécrétion de la salive.

J'ajoute qu'on est loin d'avoir analysé totalement l'effet de la salive et du premier cerveau sur les processus de la digestion. Plusieurs laboratoires ont investi des sommes énormes dans l'espoir de parvenir à synthétiser la salive, ce qui constituerait une découverte importante et aurait des conséquences favorables dans la lutte pour la santé du ventre. Mais un médicament pourra-t-il jamais remplacer la salive, dont la sécrétion se dérègle en une fraction de seconde suivant une émotion, ou un message émis par le cerveau supérieur ?

Manger lentement est essentiel, mais ce n'est pas suffisant. Encore faut-il observer une bonne hygiène buccale : la plus petite infection dentaire, ou carie, perturbe l'équilibre chimique de la salive et a des conséquences sur l'appareil digestif. J'ai souvent vu des troubles neurovégétatifs disparaître totalement à la suite de soins dentaires.

Automassage du visage et de la tête

Avec le bout des doigts, massez vos mâchoires et insistez sur les points douloureux. Pratiquez pendant quelques secondes sur chaque point des pressions rotations-vibrations. Déplacez vos doigts le long du nez, autour des yeux, le long des sourcils, sur les tempes et le front jusqu'à l'emplacement du nerf ophtalmique (relié au nerf vague) au sommet du crâne. Surtout, évitez toute manœuvre de friction.

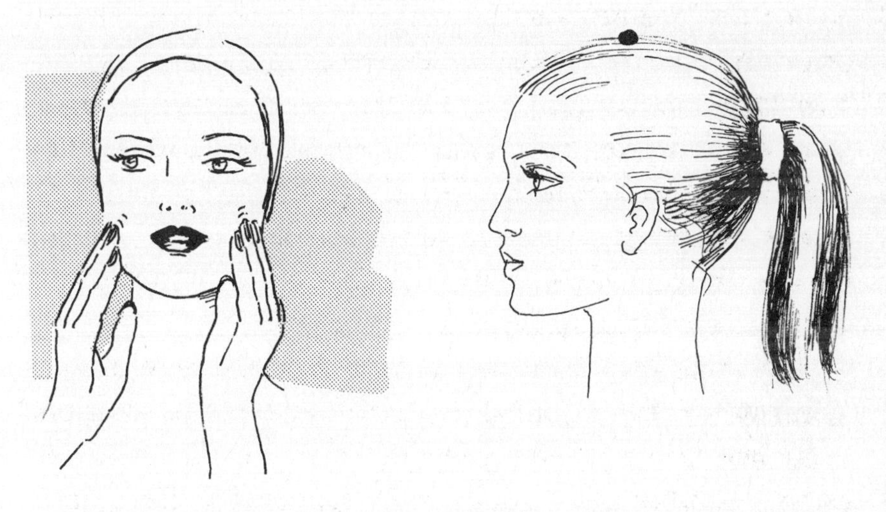

Ce massage général stimule non seulement les glandes salivaires, mais les nerfs crâniens du premier cerveau, en relation directe avec le nerf vague qui l'harmonise au ventre. En automassant visage et tête, vous obtenez immédiatement un soulagement des maux de ventre preuve de l'étroite interconnexion des deux cerveaux.

Devenez votre propre diététicien. Tenez votre journal alimentaire

La santé de votre ventre, son harmonisation avec le cerveau supérieur dépendent de votre comportement à table, du nombre de repas et de leur durée, de ce que vous mangez et buvez. De même que chacun possède des empreintes digitales uniques, chacun a un comportement alimentaire personnel.

Comment savoir si votre comportement à table est normal et de nature à mettre en harmonie vos deux cerveaux ?

C'est simple : achetez un carnet, que vous garderez sur vous. Vous y noterez votre comportement et vos réactions alimentaires, physiques et psychiques.

Dès la première semaine vous apparaîtront les erreurs les plus importantes que vous commettez peut-être depuis des années.

Après une première semaine d'observation, vous devrez modifier vos habitudes.

À la fin de la quatrième semaine, vos erreurs seront définitivement éliminées et vous observerez les effets positifs de ma méthode non seulement sur la santé de votre ventre, mais aussi sur tous les troubles fonctionnels et sur votre système nerveux central.

Vous deviendrez ainsi votre propre diététicien.

Le nombre de repas

La journée idéale comporte trois repas, dont l'incontournable petit déjeuner. Suivant l'activité (physique ou intellectuelle), on peut ajouter un casse-croûte le matin, un goûter l'après-midi. Supprimez toute forme de grignotage, jour et nuit.

Les heures de repas

Un intervalle de quatre heures au moins doit être respecté entre chaque repas trois heures en cas d'activité physique ou intellectuelle intense.

Le cadre des repas

Vous devez être détendu. Vous devez mangez assis, dans un endroit calme. Le bruit a un effet négatif sur l'assimilation.

La prise alimentaire lente

Elle est indispensable pour une bonne assimilation-élimination, primordiale afin que la salive se mélange avec les aliments.

L'alimentation-plaisir

Elle doit être dictée par vos goûts, inspirée par l'appétit, et respecter la diversité.

Le tabac

Le tabac est l'ennemi mortel des vitamines, à proscrire absolument à table. Une cigarette, c'est douze minutes de vie en moins. Faites vous-même le calcul…

Le stress à table

Si vous êtes stressé, sous le coup d'une émotion, d'une contrariété, attendez quelques minutes en pratiquant ma respiration abdominale.

Le menu idéal

Doit comporter les trois catégories d'aliments (glucides, protides, lipides), des vitamines et des oligoéléments, et varier d'un jour à l'autre et d'un repas à l'autre.

Les boissons

Évitez impérativement à table toute boisson sucrée. Ne pas dépasser un verre de vin ou de bière, pris si possible au milieu du repas. Variez les eaux minérales.

En sortant de table

Vous devez vous sentir bien, reposé, détendu et d'attaque.

Entre une heure et trois heures après le repas

Soyez attentif à la digestion. Notez les aliments que vous supportez mal physiquement (aigreurs, ballonnements, spasmes, coup de pompe, somnolence) et psychologiquement (manque de concentration, d'entrain, nervosité).

Ne supprimez rien, mais réduisez la quantité et inversez l'ordre des plats. Exemple : le melon ou la tomate, que vous ne supportez pas en entrée, sera très bien digéré en fin de repas. Un artichaut entier peut créer des ballonnements, un demi-artichaut sera très profitable. Les crudités sont plus digestes à la fin du repas qu'au début. Réduisez la quantité de dessert sucré, car le sucre ralentit la digestion.

Pour garder son ventre

À ne pas

Ce tableau correspond à la journée type d'un homme Son mode de vie est à revoir pour échapper aux

Notez dans chaque case les conditions et la composition de chaque prise alimentaire	Petit déjeuner	Casse-croûte
L'HEURE	8 h	10 h
VITE OU LENTEMENT	Vite	Vite
AVEC OU SANS PLAISIR	Sans plaisir	Sans plaisir
AVEC OU SANS FAIM	Sans faim	Sans faim
AVEC OU SANS TABAC	Sans tabac	Tabac
CADRE CALME OU BRUYANT	Calme	Calme
ASSIS OU DEBOUT	Debout	Debout
CALME OU STRESSÉ	Stressé	Stressé
COMPOSITION DU REPAS	Croissant	
BOISSONS	Café noir	Café noir

en bonne santé

faire

ou d'une femme travaillant à l'extérieur.
troubles fonctionnels et prévenir les maladies

Déjeuner	Goûter	Dîner	Grignotage dans la journée	Grignotage dans la nuit
13 h		20 h	9 h	
Vite		Lentement	Vite	
Sans plaisir		Avec plaisir	Sans plaisir	
Sans faim		Avec faim	Sans faim	
Tabac		Tabac	Tabac	
Bruyant		Calme	Calme	
Assis		Assis + télé	Debout	
Stressé		Calme	Stressé	
Salade composée Steak, frites Tarte aux pommes		Soupe Filet de poisson Riz Flanc au caramel	Barre chocolatée	Biscuits secs
2 verres de vin Café noir		Apéritif 2 verres de vin	Café noir	Soda

Pour garder son ventre

À faire

Ce tableau correspond à la journée type d'un homme Son mode de vie est en accord avec ma méthode.

Notez dans chaque case les conditions et la composition de chaque prise alimentaire	Petit déjeuner	Casse-croûte
L'HEURE	7 h	10 h
VITE OU LENTEMENT	Lentement	Lentement
AVEC OU SANS PLAISIR	Avec plaisir	Avec plaisir
AVEC OU SANS FAIM	Avec faim	Avec faim
AVEC OU SANS TABAC		
CADRE CALME OU BRUYANT	Calme	Calme
ASSIS OU DEBOUT	Assis	Assis
CALME OU STRESSÉ	Calme	Calme
COMPOSITION DU REPAS	Petit déjeuner léger (voir p. 104)	Fruit frais
BOISSONS	Infusion ou thé léger	Eau minérale

en bonne santé

ou d'une femme travaillant à l'extérieur.

Déjeuner	**Goûter**	**Dîner**	**Grignotage dans la journée**	**Grignotage dans la nuit**
13 h		20 h		
Lentement	Lentement	Lentement		
Avec plaisir	Avec plaisir	Avec plaisir		
Avec faim	Avec faim	Avec faim		
Calme	Calme	Calme		
Assis	Assis	Assis		
Calme	Calme	Calme		
Poulet grillé Riz Salade de fruits	Carré de chocolat Tartine Pain complet	Salade Sole grillée Épinards Yaourt nature		
1 verre de vin Eau minérale Café	Eau minérale	1 verre de vin Eau minérale		

Pour garder son ventre

Votre journal

À photocopier ou à recopier dans un carnet et à remplir

Notez dans chaque case les conditions et la composition de chaque prise alimentaire	Petit déjeuner	Casse-croûte
L'HEURE		
VITE OU LENTEMENT		
AVEC OU SANS PLAISIR		
AVEC OU SANS FAIM		
AVEC OU SANS TABAC		
CADRE CALME OU BRUYANT		
ASSIS OU DEBOUT		
CALME OU STRESSÉ		
COMPOSITION DU REPAS		
BOISSONS		

en bonne santé

alimentaire

comme journal alimentaire quotidien

Déjeuner	Goûter	Dîner	Grignotage dans la journée	Grignotage dans la nuit

CHOISIR SES ALIMENTS

Je le savais instinctivement, depuis bien longtemps, et je n'ai éprouvé aucun étonnement, mais une certaine fierté, quand la recherche scientifique, tout récemment, a démontré l'interaction existant entre nos deux cerveaux à travers un réseau complexe de neurotransmetteurs. Qu'une émotion, un choc ou une angoisse née dans le cerveau supérieur entraînât des conséquences sur le ventre n'était un secret pour personne. Mais qu'un trouble du ventre, un dysfonctionnement de l'assimilation-élimination, une mauvaise santé en résumé, de ce second cerveau, affecte le cerveau encéphalique et, par voie de conséquence, puisse être à la source de troubles fonctionnels ou de maladies plus graves est un véritable coup de théâtre en matière médicale. C'est pourtant, désormais, une réalité qu'a mise en lumière la découverte de neurotransmetteurs inconnus, d'un réseau de connexions très complexe et très diversifié, dont, de l'avis des chercheurs, on ne connaît encore qu'une faible partie. Par exemple, on sait que les messages entre les deux cerveaux sont assurés par deux neurotransmetteurs sécrétés par le cerveau supérieur la sérotonine et la noradrénaline, mais on pense qu'ils ne sont pas les seuls à faire la liaison.

Dans la même perspective, il est désormais acquis que c'est notre ventre qui produit entre 85 et 90 % des cellules immunitaires assurant la protection contre les bactéries, les virus, les agressions dont nous sommes constamment l'objet. La coordination entre ce second cerveau et l'autre, qu'on ne peut plus concevoir que fonctionnant dans les deux sens, est donc plus que jamais à l'ordre du jour.

Une première conséquence de ces découvertes concerne notre alimentation : elle prend de plus en plus d'importance dans le contexte du retour à la « santé-bien-être » que nous recherchons tous et toutes, car c'est une des conditions du bonheur.

Sans paraître immodeste, cela fait des années qu'en soignant le ventre de mes patients, en le massant en profondeur, en lui rendant ses fonctions souvent bloquées, nouées, paralysées par le stress, par une respiration approximative, et en changeant quelques habitudes alimentaires, j'ai eu raison de troubles fonctionnels, handicapants, comme le mal au dos, la fatigue, l'insomnie, des rhumatismes, des allergies, des carences sexuelles, etc. En collaboration avec les médecins, j'ai facilité des guérisons de maladies graves comme le diabète type 2, des troubles cardiaques, des dérèglements du système nerveux, et même, j'en suis profondément persuadé, aidé la guérison de tumeurs cancéreuses en accroissant l'efficacité de traitements chimiothérapiques ou autres. Que l'on m'apporte aujourd'hui l'explication scientifique de ce que je sais depuis toujours, qu'on démontre scientifiquement les idées fondamentales que j'applique empiriquement dans mon cabinet, cela ne peut que renforcer l'idée que je me fais de l'importance du ventre et de l'alimentation dans l'équilibre général, dans le maintien ou le rétablissement de la santé, la recherche du bien-être. Et cela confirme aussi une des idées-bases de ma méthode la troisième après la respiration abdominale et la prise alimentaire régulière et lente : l'importance du choix des aliments solides et liquides, que nous chargeons notre ventre de traiter — fonction essentielle à notre survie physique et mentale —, c'est-à-dire d'assimiler avant d'en éliminer les déchets.

Nous sommes ce que nous mangeons

Le choix des aliments (les diététiciens disent : les nutraliments) est pour moi aussi important que la façon dont nous les avalons, régulièrement et lentement (voir chapitre précédent).

De ce choix dépendent non seulement notre équilibre physique, qui nous met à l'abri des troubles et des maladies, mais aussi, c'est devenu désormais encore plus clair et évident, notre activité mentale et même notre comportement dans la vie. Nous sommes ce que nous mangeons. On a calculé que, dans une vie, un homme ou une femme absorbe en moyenne 30 tonnes d'aliments et 50 000 litres de liquide. Les aliments que nous ingérons font beaucoup plus que nous nourrir. Notre ventre, notre système digestif et intestinal, ne cesse jamais de trier dans l'alimentation les éléments nécessaires à la vie et d'identifier et neutraliser, grâce à son système nerveux, toxines, bactéries, virus.

À l'exception de la performance intellectuelle et de la création artistique (dont on n'a pas établi les liens directs avec l'alimentation, mais on y parviendra sans doute un jour), nous savons que tout notre comportement est affecté et conditionné par le choix des aliments.

Et, c'est désormais scientifiquement établi, cela fonctionne dans les deux sens à travers le réseau récemment identifié des fameux neurotransmetteurs.

Si, en améliorant le fonctionnement d'un ventre, j'ai souvent guéri des troubles fonctionnels de tous ordres et contribué à des guérisons de maladies plus graves, j'ai observé que souvent, en obtenant une amélioration de l'état psychique, c'est-à-dire en diminuant un stress, une source d'angoisse, en obtenant par une meilleure respiration, une prise alimentaire plus régulière — un meilleur choix d'aliments, des troubles de la digestion, de l'assimilation disparaissaient comme par miracle. J'ai en mémoire le cas d'un patient, important chef d'entreprise, qui prenait régulièrement du poids, et ce, en dépit de tous les régimes amaigrissants et contraignants qu'il suivait. Toujours sous pression, incapable de se relaxer, il avait gravement endommagé son système digestif. Je n'eus pas de peine à lui démontrer que, dans son cas, les troubles du ventre prenaient leur source dans son premier cerveau. Je parvins à le faire respirer en profondeur toutes les heures, à l'obliger à manger différemment, lentement, à varier son alimentation (malgré les déjeuners d'affaires) et à se nourrir de manière plus régulière, et à faire quelques exercices faciles (voir gymnastique des deux cerveaux). Son ventre que je traitais par des massages se remit en harmonie avec sa tête, il perdit les kilos superflus, qu'il ne reprit jamais.

Parallèlement, je me souviens, un exemple parmi des centaines, d'une jeune fille qui allait de dépression en dépression, souffrait d'accès d'angoisse et de migraines, à la limite de l'anorexie : modèle pour photographe de mode, elle se nourrissait peu, n'importe comment et n'importe où. Elle ne savait plus respirer et prenait des excitants. Son ventre était spasmé. Je parvins à lui rendre sa souplesse, à améliorer ses fonctions et à transformer son alimentation. La jeune fille ne tarda pas à s'arracher aux ténèbres de la déprime, à retrouver la gaieté. Par la suite, elle fit une brillante carrière. Un autre cas récent me semble très caractéristique : celui de Jeanne, soixante-quatre ans, commerçante en activité, sans problèmes familiaux. Elle présente une lombalgie chronique et des douleurs articulaires. Sur ses radios, je lis une importante arthrose des vertèbres lombaires et des déformations des mains et des pieds. Elle a consulté plusieurs rhumatologues, qui lui ont prescrit des anti-inflammatoires et des séances de massage-rééducation. Devant l'échec de ces traitements, elle est venue me consulter. Je trouve un corps infiltré de cellulite avec un excès de poids de 12 kilos environ. À la palpation, je découvre un ventre gonflé, dur, spasmé, douloureux. Jeanne s'alimente depuis des années de façon anarchique et acidifiante ; le matin, un grand bol de café accompagné de pain blanc et de confiture, d'un grand verre de jus de fruits et parfois d'un croissant et d'une brioche. Dans la matinée et dans l'après-midi, un café noir avec des biscuits. Au déjeuner, Jeanne privilégie charcuterie, fritures, desserts sucrés ; le soir, potage, plat de résistance (viande, poisson, œufs), dessert sucré. Elle ne pratique aucune activité sportive. Quand je lui explique qu'elle doit changer radicalement ses habitudes alimentaires pour retrouver la santé de son ventre et harmoniser ses deux cerveaux, elle fait la sourde oreille. « Sans mon café, me dit-elle, je ne peux rien faire. » Après trois séances espacées d'une semaine, je ne vois aucune amélioration au niveau du ventre. Je lui explique que, si elle n'accepte pas de se prendre en charge et de changer son alimentation, je refuse de continuer mes traitements manuels : « Ce serait malhonnête, nous n'aurons aucun résultat ! » Déçue, elle disparaît pendant quatre mois. Puis elle réapparaît. Elle a consulté d'autres spécialistes, sans amélioration. De plus en plus fatiguée, elle est cette fois décidée à suivre mes conseils ; elle va supprimer tous les aliments acides dont le café, manger lentement et régulièrement, privilégier poissons, viandes blanches, légumes, pâtes, riz, fruits frais. Je reprends donc mes traitements. Un mois et demi et cinq séances de traitement manuel du ventre plus tard, sa lombalgie a disparu, ses articulations ne sont plus douloureuses, elle n'est plus constipée, elle dort mieux et elle a perdu 6 kilos ! Pour la suite, je lui conseille de continuer cette alimentation, de pratiquer ma respiration-détente, de marcher une heure par jour, de consacrer quelques minutes chaque jour aux automassages du ventre. Deux mois plus tard, Jeanne a perdu ses 6 autres kilos superflus, elle est en pleine forme et elle me confie : « Je me sens bien. Votre méthode m'a transformée. Mais est-ce que ça va durer ? » Ma réponse fut claire : « Cela dépend de vous. » Pour consolider le résultat, je lui demandai de pratiquer ma gymnastique des deux cerveaux. Les résultats furent excellents.

J'ai eu connaissance d'eczémas et de psoriasis qui ont disparu avec l'arrêt de la consommation de laitages et d'excitants, et d'affections ORL chez des enfants guéries par un changement des pratiques alimentaires, suppression des boissons sucrées, des sucreries.

Je n'avais pas besoin des neurotransmetteurs aux dosages infinitésimaux pour comprendre que l'harmonie entre la tête et le ventre les deux cerveaux conditionnait la recherche du bien-être et de la guérison. Et que cette guérison reposait, en grande partie, sur un choix judicieux des aliments.

Les régimes : danger !

Bien choisir ce que l'on mange pour se retrouver en plein accord avec ses deux cerveaux, en plein accord avec soi-même ! Cela peut sembler simple, évident et même simpliste. En vérité, cela demande une certaine réflexion. J'y ai beaucoup pensé. Et je crois avoir mis au point un mode d'action, un programme non contraignant, que je considère comme la troisième base de ma méthode.

Premier point du programme : oublier tout régime.

Je l'ai souvent écrit : je suis opposé à tout régime fondé sur la suppression d'un ou plusieurs aliments ou nutraliments fondamentaux de l'alimentation (lipides, glucides, protides indispensables au métabolisme).

Quand je conseille (voir plus haut) la suppression, par exemple, de laitages, il ne s'agit que d'une suppression temporaire ; je réintroduis ensuite l'aliment progressivement à dose homéopathique dès que les troubles ont disparu.

Tout le monde a entendu parler ou même suivi un de ces régimes sans graisse, sans protéine, sans sucre, sans je ne sais quoi, ou basé sur la consommation exclusive de certains produits (les pâtes ou la viande, par exemple).

Catastrophe !

Tous les aliments, même ceux qui, dans l'imaginaire, ont la plus mauvaise réputation, sont indispensables à l'équilibre général et à l'harmonie des deux cerveaux.

Il est désormais prouvé que les lipides (les graisses), que certains régimes chassent vigoureusement, conditionnent en grande partie le plaisir sexuel, que les glucides (pain, pâtes, riz, féculents) ont un effet calmant sur les nerfs et sont indispensables à la vigilance et jouent aussi un rôle dans le plaisir sexuel.

On a montré assez récemment que les protéines (viandes, poissons, laitages) stimulent les glandes surrénales et agissent directement, au niveau du cerveau supérieur, sur la création de l'euphorie.

Les fibres, auxquelles, jadis, on n'accordait aucun intérêt, sont considérées maintenant comme indispensables au métabolisme des glucides et des lipides et au bon fonctionnement digestif.

Le vin joue un rôle dans la prévention des maladies cardiaques.

Le grand médecin Paracelse n'écrivait-il pas, il y a plus de cinq siècles : « Rien n'est poison, tout est poison, c'est la dose qui fait le poison » ? Il avait, tout simplement, inventé l'homéopathie et je lui rends hommage.

Savez-vous qu'un régime composé uniquement de légumes et de fruits — j'ai vu des jeunes femmes mannequins aller jusqu'à cet extrême — peut être mortel ?

Des études récentes ont prouvé que la suppression d'une catégorie d'aliments suffisait à modifier la création par le ventre de cellules immunitaires ouvrant de la sorte la porte à toutes sortes d'infections. Et déréglait l'harmonie entre les deux cerveaux.

Votre choix alimentaire, condition d'une bonne santé du ventre, sera donc dicté par trois facteurs indispensables et complémentaires : le goût (votre goût est essentiel, il correspond à vos empreintes digitales alimentaires), la variété et la teneur énergétique et nutritionnelle des aliments.

Les glucides

Ils sont classés selon leurs effets sur la glycémie.

Un aliment a un index glycémique (IG) élevé lorsque son absorption entraîne une hausse importante de la glycémie : IG supérieur à 70. Inversement, un aliment a un index glycémique bas lorsqu'il entraîne une élévation modérée (IG entre 55 et 70), faible (IG en dessous de 55), régulière de la glycémie.

Les glucides simples, à index glycémique rapide :

— le sucre, les confiseries, le miel, la confiture,

— les pâtisseries, les viennoiseries, les sirops,

— les fruits, les boissons sucrées, les jus, les compotes,

— les produits laitiers.

Les glucides complexes, à index glycémique lent :

— *Les céréales* : maïs, blé, orge, sarrasin, seigle, froment, riz… Les graines cuites ou crues, en bouillie ou moulues sous forme de farine permettent de confectionner les pains, les pâtes, les galettes…

— *Les légumes* : les pommes de terre, lentilles, petits pois, fèves, haricots, soja, oignon, ail, salade, courgette, tomate, céleri, haricot vert, radis, carotte…

— *Les herbes aromatiques* : ciboulette, persil…

Les fibres et les lipides contenus dans les glucides peuvent ralentir la vitesse d'absorption du glucose et réduire l'index glycémique.

Les adultes ne consomment pas assez de glucides complexes. L'index glycémique doit guider vos choix nutritionnels pour une bonne santé du ventre.

Les glucides simples et complexes doivent représenter 55 % de notre alimentation quotidienne.

Les protides ou protéines

Elles ont une origine animale ou végétale :

Les protéines animales :

— Les viandes bovines et ovines apportent les huit acides aminés indispensables. Choisissez les morceaux les moins gras : bœuf, veau…, car il subsiste toujours des graisses cachées.

— Les volailles : poulet de ferme, pintade, canard, dinde…

— Les poissons : colin, sole, cabillaud, raie, bar, merlan…

— Les poissons de rivière : carpe, truite, brochet…

Le poisson le plus gras contient autant de lipides que la viande la plus maigre.

— Les crustacés : crabe, crevette, langoustine, homard…

— Les fruits de mer : huître, moule, coque…

— Les produits laitiers : lait, yaourt, fromage…

Les protéines végétales :

— Les légumes secs : lentilles, fèves, pois chiches, haricots…

— Les céréales complètes : riz, maïs, pâtes complètes, pain complet…

— Les pommes de terre.

Les protéines doivent représenter 15 % de notre alimentation quotidienne.

Les lipides

Ils sont d'origine animale ou végétale.

On distingue :

Les acides gras saturés

Ce sont toutes les graisses qu'il faut limiter à 10 % de la ration énergétique quotidienne.

— Certaines margarines.

— Les charcuteries : pâté, rillettes, saucisse.

— Les viandes grasses : les plus grasses sont celles des animaux privés de mouvement. Les animaux sédentaires prennent aussi de la graisse !

Les acides gras insaturés (mono- ou poly-insaturés) doivent représenter 25 % de notre alimentation.

— La margarine enrichie à 8 % de phytostérols permet une baisse de 10 % du LDL cholestérol.

— Les huiles végétales : olive, tournesol, maïs, pépins de raisin…

— Les huiles de poissons.

Les lipides doivent représenter 33 % maximum de notre alimentation quotidienne. Nos choix doivent se porter vers les acides gras insaturés.

Les fibres alimentaires

Ces substances végétales échappent à la digestion dans l'intestin grêle. Solubles (présentes dans les fruits et légumes) ou insolubles (essentiellement dans les produits céréaliers) par leur viscosité, elles ralentissent la vidange gastrique. Dans le grêle, elles allongent le temps de transit, l'améliorent, retiennent l'eau (les selles sont moins dures). Elles participent à la croissance de la flore intestinale et sont appréciables pour lutter contre la constipation.

• Elles retardent la sensation de faim grâce à leur biodisponibilité métabolique du glucose ; donc meilleur contrôle du diabète.

• Une alimentation riche en fibres permet de diminuer la prise alimentaire de 5 à 10 %. C'est intéressant pour les problèmes de poids.

• Consommer 20 à 30 g/jour de fibres diminue la cholestérolémie par l'élimination du cholestérol.

• Dans l'intestin, les fibres stimulent la croissance et l'activité des bactéries bénéfiques, et luttent contre la production de produits toxiques.

• Les fibres absorbent les radicaux libres carcinogènes ou les diluent, limitant leur contact avec les muqueuses.

L'alimentation en fibres doit se faire en mangeant plus de fruits et de légumes et progressivement pour éviter ballonnements, gaz… et en buvant suffisamment d'eau minérale et autres boissons aux repas pour hydrater le bol alimentaire et, en dehors, au minimum un litre et demi par jour.

Manger selon son goût

Avant toute chose, l'aliment doit procurer du plaisir, première condition pour que soit assurée, à ce stade, l'harmonie des deux cerveaux. Le professeur Gershon, auteur de *The Second Brain*, le livre qui a changé l'éclairage sous lequel les médecins voyaient le ventre, a identifié un neurotransmetteur responsable de la double sensation attirance-rejet, à travers laquelle transitent notre goût pour certains aliments, certaines saveurs, et notre aversion pour d'autres : c'est la « dopamine », substance découverte, il y a quelques années, à l'université de Cambridge. Parallèlement, on a établi que, chez les nouveau-nés de toutes les cultures, le sucre est accepté alors que l'amer est rejeté ! Ce phénomène me paraît d'autant plus étrange que l'on sait aujourd'hui qu'au Moyen Âge la sensation gustative dominante était l'acide, que sous la Renaissance la saveur douce (sucrée) était quasi inexistante et que ce n'est qu'au XVIIe siècle, avec l'ordonnance des plats dans le repas, si l'on en croit les spécialistes, qu'on a vraiment distingué le salé du sucré. La grande et catastrophique promotion du sucre date en réalité de l'après-guerre (1950).

On a aussi démontré que, chez le fœtus, l'organe du goût se formait dès le quatrième mois. Boris Cyrulnik, célèbre éthologue et psychiatre de l'université de Marseille, a prouvé que les nouveau-nés marseillais dont la mère enceinte avait consommé de l'ail manifestaient du plaisir devant une tétine parfumée à l'ail, ce qui ne se produisait pas chez des nouveau-nés parisiens. Il faut impérativement éduquer très tôt le goût chez l'enfant.

Jadis, on pensait que les enfants pouvaient manger toujours la même chose, à condition qu'ils se développent normalement. C'est assez facile, car l'enfant possède plus de dix mille cellules gustatives dont il perdra la moitié à l'âge adulte. Une grande variété d'aliments chez l'enfant est donc très importante pour la formation de son goût. Il faut varier la composition des biberons et des bouillies le plus tôt possible. La santé du ventre de l'adulte en dépend. De la même façon, c'est dans les premières années de la vie que se créent les rythmes de l'horloge biologique, si importante (on l'a vu au chapitre précédent) pour une bonne prise alimentaire.

La négligence des parents qui favorisent, souvent par facilité, la consommation du sucre chez les enfants (en particulier aux États-Unis, patrie du fast-food, de la sauce tomate, des barres sucrées et des sodas gazeux) conduit fréquemment à des situations dramatiques. Chez nous, le nombre des enfants obèses a doublé en dix ans et ne cesse d'augmenter.

C'est chez l'enfant que se construisent la santé du ventre de l'adulte et sa mise en harmonie je ne soulignerai jamais assez ce point. Et je rappellerai que, chez l'adulte, le surpoids accroît considérablement les risques de diabète (il peut aussi en être la conséquence) et de maladies coronariennes. Tout récemment, j'ai vu surgir à l'INSERM, et je m'en félicite, l'idée d'une « nutrition préventive ». Il est maintenant acquis qu'une alimentation bien choisie et équilibrée, un ventre en bonne santé, une harmonie sans faille entre les deux cerveaux sont de nature à diminuer les chances d'être atteint par un certain nombre de maladies, en particulier les maladies cardio-vasculaires, les cancers, l'ostéoporose. Pour le professeur Serge Reynaud, un régime pauvre en acides gras saturés et riche en acide linoléique (régime crétois) a de grandes vertus protectrices.

Mon premier conseil en ce qui concerne le choix des aliments est donc de vous laisser guider par votre goût. Allez directement, franchement, vers ce que vous aimez. Laissez le champ libre à vos cinq sens qui assurent la liaison entre premier et second cerveau. Il a été démontré que l'appétit était directement créé par les deux cerveaux coordonnés et activé par plusieurs neurotransmetteurs, et que ces fameuses « envies » de sucré, de salé, de fruits, de chocolat, de viande, etc. n'étaient, dans la quasi-totalité des cas, qu'une revendication de l'organisme en demande d'un nutriment spécifique (vitamine, lipide, glucide, ...). On a envie de ce dont on a besoin : encore un exemple frappant des conséquences (et de la nécessité) d'une véritable harmonie entre les deux cerveaux. Dans ce contexte, il me faut encore une fois signaler l'effet désastreux des excitants comme le tabac ou l'alcool qui brouillent la bonne communication entre les cerveaux, dénaturent les besoins alimentaires de l'organisme, détruisent les vitamines et aboutissent souvent à de lourdes perturbations, surpoids ou maigreur excessive. C'est la raison pour laquelle vous proscrirez l'alcool et le tabac, et ne boirez du vin qu'en quantité modérée au milieu des repas. Les mêmes chercheurs qui ont établi les vertus préventives d'une bonne alimentation et de certains nutriments spécifiques ont montré, à la suite d'une expérience de douze ans sur deux cents patients, que le vin, bu en petite quantité et régulièrement, constituait un barrage contre les affections cardio-vasculaires : sur cent patients buveurs modérés, on n'a enregistré en douze ans que 12 attaques cardiaques diverses, alors que le groupe de patients non buveurs en a présenté 22 !

Le ventre et les excès

Une unité de l'INSERM vient de publier ses travaux sur les effets de l'alcool, du café, du thé et du tabac sur les différents métabolismes. Je retiens de ces recherches très intéressantes la définition de la relation complexe établie, dans tous les cas étudiés, entre le cerveau et le ventre : l'étude de l'action des neurotransmetteurs a mis en évidence que cette action était à « double sens », c'est-à-dire que, pour ne prendre qu'un exemple, l'alcool agissait sur le ventre à partir du cerveau, mais également sur le cerveau supérieur à partir du ventre. Les spécialistes ont découvert que les troubles dus à une forte consommation d'alcool (ce qu'on appelle couramment une « cuite ») circulaient à travers des neurotransmetteurs, produits en parallèle par les deux cerveaux, et que les retombées de cet excès de consommation étaient réparties également dans les deux cerveaux.

Il en va de même, apparemment, quand notre corps est soumis à une dose excessive de sucre, ou de produits comme le café, le thé, ou la fumée cancérigène du tabac. Ces découvertes, outre qu'elles ont le mérite de mettre en garde contre des abus, hélas, bien trop fréquents, soulignent l'interdépendance entre les deux cerveaux et, par conséquent, l'importance que revêt, dans tous les cas de figure, la mise (ou la remise) en condition de votre ventre.

Une nourriture variée, énergétique et riche en valeur nutritive

Votre choix alimentaire, dicté par votre goût, sera donc fondé sur la variété, sur la recherche d'aliments frais, sains, représentant le meilleur apport en vitamines, minéraux et oligoéléments. Sans exclusive : je n'ai jamais interdit définitivement, je le répète, aucun aliment, même si, dans d'autres livres, j'ai conseillé de consommer avec modération thé, café, miel, confiture. Dans certains troubles fonctionnels ou maladies (se reporter au guide), je conseille d'éviter des aliments pendant une certaine période, le temps de récupérer la santé du ventre.

Un ventre en bonne santé assimile et élimine toutes les catégories d'aliments ; sa flore intestinale reconstituée peut faire face à toute agression, même de bactéries (travaux de l'Institut Rosell), et supporter les excès de boisson alcoolisée, d'excitants tabac… tant qu'ils ne deviennent pas des habitudes. Je dirai même qu'un excès de table de temps en temps ne constitue pas un danger et participe, par le plaisir qu'il procure, à la mise en harmonie des deux cerveaux.

Quand vous aurez, en accord avec les premières bases de ma méthode, appris à respirer par le ventre et accepté l'idée de manger plus lentement et plus régulièrement, que vos deux cerveaux, qui étaient peut-être partiellement désaccordés, se seront remis en symbiose, il vous suffira de rechercher les aliments qui vous plaisent et de les choisir frais, vivants, dans le meilleur état possible afin d'en tirer le maximum de profit. Il vous faudra prêter attention à l'hygiène des produits que vous consommerez et au respect de la chaîne du froid.

Les produits sont de mieux en mieux contrôlés ; cependant, la contamination ou l'altération des aliments par des substances pathogènes, bactéries, moisissures, toxines, la présence de pesticides sur les légumes et les fruits sont fréquentes, et notre vigilance ne doit pas se relâcher ; de même, attention aux produits transgéniques (génétiquement modifiés).

La cuisson, pour moi, joue un rôle important. Une cuisson excessive détruit vitamines et qualité énergétique.

Évitez les « barbecues » : les parties « calcinées » des viandes, poissons, pommes de terre, etc., sont une source de radicaux libres, qui tuent la cellule, sont à l'origine de cancers et accélèrent le vieillissement.

Pour les fritures, utilisez des huiles claires ; si vous réutilisez une huile, filtrez-la.

Évitez les graisses cuites, le beurre cuit qui dérèglent les voies biliaires et bilio-pancréatiques.

Attention à l'oxydation des aliments préparés à l'avance (crudités, salades de fruits, jus de fruits).

Un aliment épluché, râpé ou tranché doit être consommé dans le quart d'heure.

Radicaux libres contre antioxydants

Le rôle des radicaux libres, dans les modifications négatives des cellules, est connu depuis quarante ans. Par la suite, les scientifiques n'ont cessé de leur attribuer de nouvelles responsabilités.

Les radicaux libres oxydent, rouillent toutes nos cellules. Ce sont des molécules ou des fragments de molécules formées, comme toutes les autres, d'atomes, constitués eux-mêmes d'un noyau autour duquel tournent des électrons.

Sur les molécules, certains électrons ont tendance à aller par nombre pair. Sur le radical libre, leur nombre est impair. Ce qui implique l'existence d'un électron célibataire.

Ces électrons non accouplés particulièrement instables sont à la recherche de l'âme sœur ; pour la trouver, ils sont obligés d'agresser et de détruire l'équilibre d'une molécule normale de la cellule, qui à son tour donnera naissance à un radical libre aux propriétés chimiques aussi agressives.

Ce processus est le phénomène d'oxydoréduction : l'oxydation est une perte d'électrons, la réduction est un gain d'électrons.

Les radicaux libres sont la cause de nombreuses maladies.

Bien que dotés eux-mêmes d'une vie courte, beaucoup moins d'une seconde, les radicaux libres sont extrêmement dangereux. D'après Hallwell, un biochimiste britannique, nous en fabriquons environ 2 kilos par an et nous en recevons en respirant : 5 % de l'oxygène se transforme en radicaux libres.

Nous en absorbons encore plus, avec l'air pollué, avec les radiations cosmiques, en provenance du soleil et des ultraviolets, avec l'exposition à des agents polluants, avec les toxines ingérées ou inhalées (produits alimentaires mal conservés, oxydés, transformés, etc.), avec le tabac, etc.

Chacune de nos cellules est agressée plusieurs centaines de fois par jour.

Contre ces agressions, l'organisme, heureusement, possède des substances de défense : les antioxydants.

Ce sont, dans notre corps, des enzymes présentes dans la cellule au niveau de la membrane et du cytoplasme.

Ces enzymes, la glutathion-peroxydase ou la superoxyde-dismutase, contiennent du sélénium, du cuivre, du zinc, du manganèse, des vitamines E, C, bêta-carotène ; elles ont pour mission d'empêcher ou de réparer les dégâts provoqués par les radicaux libres.

D'autres antioxydants proviennent de notre alimentation quand elle est bien choisie et équilibrée.

Les antioxydants majeurs sont : les vitamines A (bêta-carotène), C, E, et certains métaux (sélénium, fer, zinc), les polyphénols, les flavonoïdes, les caroténoïdes, les anthocyanos et les tanins.

Les recherches récentes montrent que notre système de défense est supposé maintenir de façon constante notre niveau de protection contre les radicaux libres. Hélas, ce n'est pas toujours le cas.

Dans les situations de stress ou de fatigue, de

surmenage, etc., quand les deux cerveaux se désharmonisent, avec l'âge (ménopause, andropause, etc.), l'organisme manque d'antioxydants, laissant le champ libre à ces redoutables radicaux libres. Le système immunitaire peut être affaibli, ouvrant la porte aux maladies et au vieillissement accéléré. Tous les antioxydants participent à l'action de défense contre les maladies cardio-vasculaires, microbiennes, tumorales et contre le vieillissement.

L'étude « SU.VI.MAX. » de l'INSERM démontre l'intérêt des fruits et des légumes comme principale source d'antioxydants.

Les antioxydants pris sous forme de supervitamines ou autres médicaments fournissent des doses beaucoup plus élevées que la dose nutritionnelle et peuvent avoir des effets dangereux pour la santé.

Choisissez donc vos vitamines *naturelles* dans le tableau qui suit.

Les vitamines végétales antioxydantes

Vitamine A

Lutte contre l'oxydation, le vieillissement, les risques d'infection. Intervient dans le renouvellement de la peau, des cheveux, des ongles. Nécessaire aux os, aux gencives et aux dents. Protège les muqueuses de l'organisme : parois des appareils digestif et pulmonaire. Semble prévenir le risque de maladies cardio-vasculaires.

L'organisme convertit la carotène : pigment contenu dans les fruits et les légumes verts, jaunes et rouges, en provitamine A ou bêta-carotène.

Légumes verts : épinard, haricot vert, brocoli, petits pois, chou, courgette, laitue, pissenlit…

Herbes aromatiques : persil, coriandre, ciboulette, basilic, cerfeuil…

Légumes jaunes ou rouges : poivron, carotte, potiron, tomate, pomme de terre, soja, oignon, échalote, ail…

Fruits : pêche, mangue, abricot, melon, pastèque, banane.

Vitamines B1, B5, B6

Protection de la peau. Nécessaires au système nerveux pour fournir l'énergie contre le stress, l'état dépressif, l'insomnie. Assurent la bonne assimilation des hydrates de carbone et la transformation des graisses en énergie. Elles ont besoin de la vitamine C pour les protéger et sont amis du magnésium.

Légumes secs.

Céréales complètes : levure de bière, germe de blé.

Vitamine C

Stimule la régénération cellulaire. Nécessaire à la peau, aux os, aux dents. Anti-infectieuse, antivirale, elle renforce le système immunitaire et favorise la longévité. C'est un antioxydant majeur qui stoppe les réactions en chaîne des radicaux libres. L'action de la vitamine C est majorée par la présence de la vitamine E et du bêta-carotène.

Les fruits : orange, citron, pamplemousse, mandarine, kiwi, banane, raisin, fraise, framboise, groseille, cerise, cassis, myrtille, pomme, poire…

Les légumes : tomate, radis, carotte, brocoli, cresson, chou, poivron, toutes les salades…

Les herbes aromatiques.

Vitamine E

Nécessaire à la constitution et à la protection des membranes cellulaires, elle prévient le vieillissement. Protège des maladies cardio-vasculaires. Renforce le système immunitaire. Elle est l'amie de la vitamine C et préserve la vitamine A (bêta-carotène).

Huiles végétales : olive, tournesol, germe de blé, arachide, soja.

Légumes et fruits.

Oléagineux : noix, noisette, amande, cacahuète…

Les oligoéléments antioxydants

Préviennent le vieillissement, renforcent le système cardio-vasculaire et le système immunitaire.

Sélénium

Il agit en association avec les vitamines A, C et E.
Céréales : germe de blé, levure de bière…
Légumes : brocoli, ail, oignon, chou…
Oléagineux : noix, noisette, amande…

Zinc

Essentiel à la composition de ses nombreuses enzymes. Nécessaire au métabolisme de la digestion. Agit sur l'humeur, active les glandes sexuelles. Accélère la cicatrisation de la peau. Agit sur les acnés juvéniles. Augmente l'action des vitamines A et B.

Légumes : haricot, lentille, pois, chou, cresson, brocoli, épinard, carotte, betterave, oignon, échalote, ail…

• *Céréales complètes* • *Pain complet.*
• *Algues* • *Poissons* • *Fruits de mer.*
• *Viandes* • *Volailles.*

Attention

Les antioxydants sont sensibles à la lumière, à la chaleur, à l'humidité ; ils disparaissent dans une cuisson trop prolongée ou quand les produits cuisent dans un trop grand volume d'eau. Lorsqu'un fruit ou un légume est épluché, il s'oxyde en dix minutes : le consommer rapidement. Évitez de préparer à l'avance, crudités, salades, salades de fruits, jus de fruits, jus de légumes. Les antioxydants sont attaqués par le tabac et l'alcool.

Trois petits déjeuners pour harmoniser vos deux cerveaux

Avec mon épouse Florence, remarquable cuisinière, nous avons mis au point trois petits déjeuners *starters* de la bonne santé du ventre :

- Le petit déjeuner antiacidité pour désintoxiquer

- Le petit déjeuner léger pour décrasser

- Le petit déjeuner énergétique pour fortifier

Vous pouvez choisir l'un ou l'autre, passer de l'un à l'autre suivant vos troubles, vos besoins en énergie, votre état physique ou psychologique du moment.

Le petit déjeuner antiacidité (désintoxiquer)

Mangez assis, dans le calme,
et commencez toujours par du solide

1 œuf à la coque
ou 1 tranche de jambon
ou 1 morceau de volaille
ou 1 morceau de fromage à pâte dure (comté, beaufort)
ou 1 morceau de fromage de chèvre
ou 1 yaourt nature

1 ou 2 tartines de pain complet
ou pain aux céréales ou pain de campagne
ou 1 bol de riz
ou 1 plat de pâtes

Du beurre frais
Des herbes aromatiques fraîches :
ciboulette, persil, basilic, coriandre…
1 fruit frais de saison alcalin : pomme, banane, pêche…
Des fruits secs (pas plus de 2 à 3) : dattes ***ou*** figues
ou amandes ***ou*** raisins ***ou*** pruneaux

1 infusion : 1/3 thym, 1/3 romarin, 1/3 sauge
ou 1 verveine ***ou*** tilleul
ou chicorée

Vous devez impérativement éviter jusqu'à disparition de vos troubles :

- les sucreries : miel, confiture, chocolat à tartiner
- les viennoiseries : croissant, brioche, pain au chocolat, cake, biscuits…
- le pain blanc, le pain de mie
- toutes sortes de pains grillés
- toutes les céréales
- les laitages : lait, fromage blanc, yaourt sucré
- les excitants : café et café au lait, thé et thé au lait, chocolat au lait…
- l'infusion de menthe
- les jus de fruits (même les jus frais pressés)
- les salades de fruits préparées à l'avance
- les fritures : œufs frits, frites…
- les charcuteries : rillettes, saucisses, bacon…

— Pour améliorer la santé du ventre et combattre les inflammations articulaires et ligamentaires : tendinite, névrite, maux de dos (cervicalgie, dorsalgie, lombalgie, sciatique…)

— Pour prévenir ou stopper les rhumatismes : arthrose, arthrite…

— Pour calmer le système nerveux et lutter contre la nervosité, l'irritabilité, l'émotivité, l'angoisse.

Le petit déjeuner antiacidité doit se poursuivre jusqu'à complète disparition des symptômes.

Il pourra être votre petit déjeuner pour quelques semaines, quelques mois, ou pour toute la vie si vous êtes atteint d'une maladie chronique.

Le petit déjeuner léger (décrasser)

Mangez assis, dans le calme,
et commencez toujours par du solide

1 œuf à la coque
ou 1 part de fromage de chèvre
ou 1 fromage blanc à 20 %
ou 1 yaourt nature

1 ou 2 tartines de pain complet
ou pain aux céréales ou pain de campagne
Du beurre frais à tartiner

Des herbes aromatiques fraîches :
ciboulette, persil, basilic, coriandre…

1 fruit frais de saison : orange, mandarine,
pamplemousse, pomme ou pêche (sans la peau),
mangue, kiwi…
ou 1 jus de fruits pressé avec la pulpe :
1/3 orange, 1/3 pamplemousse, 1/3 citron

1 thé ou café léger
ou 1 thé ou café au lait (si vous le supportez)
ou 1 infusion
ou chicorée

Vous devez impérativement éviter jusqu'à disparition de vos troubles :

• les sucreries : miel, confiture, chocolat à tartiner, barres chocolatées

• les viennoiseries : croissant, brioche, pain au chocolat, aux amandes, cake, biscuits...

• le pain blanc, le pain de mie

• les laitages : chocolat au lait, yaourts sucrés ou additionnés de miel, confiture, fruits, chocolat, caramel...

• les jus de fruits en boîte ou additionnés de sucre

• les fritures : œufs frits, frites...

• les plats en sauce

• les fromages cuits (fondue)...

• les charcuteries : rillettes, saucisses.

— Pour retrouver la santé du ventre, reposer le système neurovégétatif et ainsi perdre du poids, chasser la fatigue, lutter contre le diabète, chasser le mauvais cholestérol et prévenir les maladies cardio-vasculaires.

Le petit déjeuner léger est à poursuivre quelques semaines ou quelques mois pour retrouver son poids de forme, son moral.

À consommer lorsque vous avez fait des excès alimentaires ou de boissons.

Idéal pour ceux qui n'aiment pas manger beaucoup le matin.

Le petit déjeuner énergétique (fortifier)

Mangez assis, dans le calme,
et commencez toujours par du solide

1 ou 2 œufs à la coque
ou 1 omelette aux fines herbes
ou des œufs au plat avec bacon

ou 1 morceau de blanc de volaille
ou 1 tranche de jambon (de pays, à l'os…)
ou 1 part de fromage
ou 1 filet de poisson : saumon, hareng, anchois…

1 produit laitier au choix : lait, fromage blanc ou yaourt…

2 ou 3 tranches de pain complet ou pain aux céréales
ou pain de campagne
ou 1 bol de riz *ou* 1 plat de pâtes
ou des céréales (flocons d'avoine…)
Du beurre frais.
Des herbes aromatiques fraîches :
ciboulette, persil, basilic, coriandre…

1 fruit frais de saison : banane, pomme, poire,
pêche, pamplemousse, orange, mangue, kiwi
ou 1 jus de fruits frais pressé, avec la pulpe
ou des fruits secs (pas plus de 2 ou 3) :
dattes, figues, amandes, noisettes, noix, pruneaux…

Miel ou confiture maison
Thé ou café, thé ou café au lait,
chicorée ***ou*** infusion

Vous devez impérativement éviter jusqu'à disparition de vos troubles :

• les viennoiseries, les biscuits secs...

• le pain blanc, le pain de mie

• les fruits secs additionnés de sel, de miel ou de caramel... (l'abricot est lourd à digérer)

• les salades de fruits préparées à l'avance.

— Pour garder la grande forme, lutter contre le stress, la fatigue, la déprime, l'angoisse et la nervosité.

— Pour reprendre du poids si on est trop mince ou pour récupérer après une opération ou une maladie.

— Pour se préparer aux activités sportives ou intellectuelles soutenues.

— Pour calmer son système nerveux central, harmoniser les deux cerveaux.

Le petit déjeuner énergétique renforce les défenses immunitaires par un large apport de vitamines, oligoéléments et sels minéraux.

C'est le petit déjeuner idéal que vous retrouverez ou découvrirez quand vous aurez guéri vos troubles fonctionnels et recouvré la santé du ventre après le petit déjeuner « anti-acidité » ou « léger ».

TROUVEZ VOTRE SPORT-PLAISIR

C'est un comédien très célèbre qui, sans nul doute, m'en voudrait de citer son nom, avec de nombreuses propositions de travail, un grand potentiel de progression, en talent et en popularité.

Il se plaignait d'une fatigue excessive et récurrente, d'une difficulté croissante à trouver le sommeil et à en sortir reposé, de maux de tête et de douleurs d'estomac. Son médecin traitant l'ayant, après un examen attentif et quelques analyses, déclaré, à son grand désappointement, en « excellente santé », il était venu me voir avec ses problèmes qui, disait-il, n'intéressaient personne, même pas sa femme, elle-même actrice de renom.

Je ne mis que peu de temps à évaluer la situation : cet homme payait le prix de sa célébrité, d'une activité intense, il jouait une pièce de théâtre entre deux tournages de film —, d'une irrégularité de la prise alimentaire, et de recours inconsidérés au tabac, à l'alcool, voire à des médicaments excitants. Inutile de lui demander de changer ses habitudes qui étaient sa vie : autant lui proposer d'être un autre lui-même. Son ventre dur, tendu, évoquait une rupture de communication entre les deux cerveaux. Je procédai à quelques massages du ventre en profondeur dont il se montra satisfait. Il me confia même, après quelques séances, qu'il dormait mieux.

« Je ne voyais pas le rapport entre le ventre et le sommeil », m'avoua-t-il.

Je lui proposai de pratiquer, autant que son programme de travail le permettait des exercices de ma respiration-détente au théâtre ou sur le tournage. La respiration abdominale lui était professionnellement familière. Je suggérai quelques mouvements de gymnastique faciles le matin au réveil. Mais, surtout, je lui exposai la nécessité impérieuse de retrouver progressivement une activité de sport-détente, au moins une fois par semaine.

Comme de nombreux patients et patientes de son âge entre quarante et soixante ans que je traite dans mon cabinet, il avait pratiqué différents sports dans sa jeunesse (vélo, tennis, natation et même du football dans une équipe d'amateurs), sports qu'il avait ensuite abandonnés sous la pression de la vie quotidienne et de la réussite. Il accepta de reprendre le vélo le dimanche matin et de consacrer une heure ou deux à une promenade dans le bois avec sa femme. Après quelques séances, il me déclara qu'il en avait tiré des bienfaits réels.

« Je le constate moi-même sur votre ventre, et sur votre état général... », lui répondis-je.

Depuis, la promenade à vélo le dimanche matin est devenue chez lui une véritable habitude ; il m'a raconté que, même en tournée, il s'arrangeait pour pédaler au moins une fois par semaine. Sa femme, que j'ai soignée également, m'a confirmé qu'elle avait suivi son exemple et que son sommeil et sa digestion s'étaient améliorés. « On dirait, me confia-t-elle, qu'en bougeant mes jambes, en respirant mieux, j'ai libéré ma tête ! »

Comment mieux illustrer les liens qui relient nos deux cerveaux ? La pratique modérée d'un sport d'endurance rétablit et assure, à travers le fameux nerf vague qui les connecte, l'harmonie entre le cerveau supérieur et le ventre, entraînant des conséquences favorables sur l'ensemble de l'organisme. J'entends par sport d'endurance un sport ou une activité physique qui peut se pratiquer sans forcer, avec un rythme cardiaque constant, évitant accélérations et à-coups — et ce, pendant quarante-cinq minutes au minimum.

Dans de nombreux cas, j'ai vu disparaître des troubles fonctionnels très handicapants, fatigue persistante, prise de poids, maux de dos, insomnies, faiblesses sexuelles, etc., par la pratique modérée d'un sport d'endurance. Cela ne m'a pas étonné : la pratique d'un « sport-plaisir » entraîne rapidement une meilleure oxygénation du sang donc de meilleures défenses contre les toxines. Le système respiratoire est renforcé, de même que le système cardio-vasculaire. Le sommeil est amélioré, la masse osseuse et musculaire est préservée. J'ai vu des patients et des patientes rajeunir, je n'hésite pas à employer ce mot pour avoir trouvé, ou retrouvé, une activité sportive modérée : leur apparence s'est transformée, leur silhouette s'est affinée, leur peau mieux vascularisée a retrouvé de l'éclat ; j'ai même vu disparaître, chez des jeunes gens, une acné rebelle ou des allergies. Je me dois aussi de signaler des effets positifs sur ce qu'on appelle le moral, preuve que le cerveau supérieur tire aussi bénéfice de cette activité : disparition de l'anxiété, de la timidité (on a confiance en soi) et, très souvent, élimination d'une fatigue chronique. Je me souviens d'un jeune garçon amené chez moi par ses parents : étudiant de dix-huit ans très doué, travaillant six à huit heures par jour sur son ordinateur, il ne parvenait pas à maigrir et ne pouvait trouver le sommeil sans somnifère. En soignant son ventre spasmé et en l'interrogeant, j'appris que depuis deux ans, en raison d'un emploi du temps trop chargé, il avait abandonné le roller qu'il adorait. Je le persuadai de reprendre cette activité sportive, le matin très tôt, au moins trois fois par semaine. Il suivit mon conseil. En quelques mois, il perdit six kilos, dormit sans somnifère et retrouva, avec la remise en harmonie de ses deux cerveaux, un bien meilleur équilibre.

Mais c'est au niveau du ventre que surviennent les effets les plus rapides et les plus directs : je n'hésite pas à affirmer qu'aucun trouble fonctionnel du ventre proprement dit, comme la constipation, les ballonnements, les règles douloureuses, etc., ne résiste à une activité sportive d'endurance pratiquée régulièrement. Si l'activité sportive est associée aux autres conseils, bases de ma méthode : respiration, prise alimentaire, alimentation, etc., l'amélioration est encore plus spectaculaire. Et je ne signale que pour mémoire l'effet préventif de ces actes non contraignants et agréables. Je suis convaincu qu'une activité sportive d'endurance, régulière, équilibrante, diminue le risque de maladies graves.

Dans le cas que je décris plus haut, mon patient a choisi la bicyclette, qui lui rappelait les randonnées de son enfance dans le sud de la France, évoquait des souvenirs agréables et plaisait à sa femme, qui prit la même décision que lui.

Qu'est-ce qu'un sport d'endurance ?

C'est une activité physique qui se pratique sans forcer, permettant de garder un rythme cardiaque constant, évitant les accélérations et les à-coups. Dans ma méthode fondée sur l'harmonisation des deux cerveaux, le sport d'endurance joue un rôle important, car il favorise la production des endorphines (hormones du bien-être), la régularisation de la pression artérielle, fortifie le système cardio-vasculaire, renforce le système respiratoire, détend le système nerveux central (premier cerveau), chasse la nervosité, l'angoisse, la peur de l'échec, l'anxiété, la timidité. Il renforce les défenses immunitaires. Son rôle a été démontré dans la lutte contre le diabète, la diminution du mauvais cholestérol, la suppression des kilos superflus. Avant chaque séance, n'oubliez pas l'échauffement, cinq à six minutes d'étirements très doux de tout le corps. À pratiquer aussi à la fin de l'exercice (récupération), afin d'éviter les courbatures et les dépôts d'acidité dans les muscles et les articulations.

Lorsque vous pratiquerez régulièrement, sans essoufflement, sans fatigue, ni courbatures, un sport d'endurance pendant quarante-cinq minutes, vous pourrez entrecouper ces entraînements par de courtes séances d'accélération (dites fractionnées). Exemple : footing doux de vingt minutes, suivi de deux à trois minutes de course plus rapide ; puis retour à un rythme lent. Même chose pour la natation ou le vélo. À répéter de trois à cinq fois dans une séance de quarante-cinq minutes en contrôlant chaque fois son pouls. Ces alternances doublent les effets du sport d'endurance sur tous les systèmes.

Il existe d'autres sports d'endurance qui auront le même effet bénéfique : la marche, la randonnée, le vélo, la natation. Je suis opposé au jogging intense, sport à la mode, trop brutal aussi, qui peut affecter le cœur, les articulations, et qui accélère tout dysfonctionnement du ventre et se pratique en général sans préparation suffisante et au-delà des limites permises. Au lieu de tirer profit de son activité, le jogger, le plus souvent, ne fait qu'augmenter ses troubles et intensifier sa fatigue ; il paraît plus vieux que son âge. Pour tirer profit d'une course à pied, un ventre en bonne santé est aussi important qu'un cœur bien contrôlé. Bientôt, on contrôlera le ventre avant l'effort, comme on contrôle le cœur (voir le chapitre sur les automassages, p. 36). La course à pied doit être abordée avec prudence, et selon une progression très lente, que je définis plus loin. Dans cette même catégorie, je place la natation, dont les effets sont remarquables, et éventuellement le tennis. Dans ce dernier sport, toutefois qu'on s'y « mette » ou qu'on s'y « remette » — l'intérêt est qu'on est maître, grâce au premier cerveau, du rythme du jeu, qu'on gère soi-même son intensité (rien n'oblige de courir après une balle trop rapide). On peut prendre du temps entre les échanges. Mais, comme on ne peut éliminer totalement démarrages et déplacements rapides, je demande toujours un entraînement particulier et progressif, et, au-delà de la cinquantaine, une surveillance du cœur et de la santé du ventre. Avec un ventre en mauvaise santé, avec une coupure entre les deux cerveaux, donc une rupture de concentration, rien n'est possible même au haut niveau. Il suffit de voir les champions s'écrouler subitement, alors qu'ils semblent sur le point de gagner. C'est leur ventre qui est en cause : en une fraction de seconde, l'énergie abdominale les abandonne et le cerveau supérieur disjoncte. Il ne faut pas chercher ailleurs l'origine, et le drame du recours au dopage.

Le second cerveau des sportifs

Bien des sportifs, même au haut niveau, négligent leur ventre et, souvent, pourraient améliorer leurs performances, prolonger leur carrière, éviter des accidents musculaires, des baisses de concentration, des « coups de pompe », en accordant dans leur protocole d'entraînement une place primordiale à leur ventre. Beaucoup de recours au dopage seraient ainsi évités.

Parmi les principales erreurs des sportifs dans leur alimentation, j'ai relevé :

• Même alimentation en période compétition et hors compétition d'où prise de poids en cas d'arrêt d'activité.

• Alimentation insuffisante qui augmente les risques musculaires.

• Chez les jeunes, trop de glucides simples (sucres rapides, barres chocolatées, confiseries, etc.), trop de fromages fermentés, trop de fritures.

• Chez les sportifs en général, pas assez d'hydratation.

Je conseille en période de grande activité sportive quatre à cinq prises alimentaires par jour avec glucides complexes (sucres lents énergétiques : féculents, riz, pâtes, pommes de terre), légumes secs, fruits et légumes, ces derniers étant irremplaçables pour leurs vertus antioxydantes (vitamines B, E, C, etc.).

• Ne pas négliger les protéines : volailles, poissons, viande blanche, laitages (pour l'apport en calcium).

• Privilégier les acides gras essentiels (huile d'olive, huile de sésame, etc.).

Quel sport-plaisir choisir ?

La réponse, à mes yeux, est simple : celui pour lequel vous éprouvez le plus d'attirance, celui qui vous procurera le plus de plaisir.

Tous les sports d'endurance, pratiqués avec modération, régulièrement et selon un « planning » médité, ont des conséquences bénéfiques sur la santé du ventre ce qui reste notre objectif principal. Le ventre subit en effet dans l'action un massage naturel qui va activer ses fonctions. La liaison avec le cerveau supérieur est alors facilitée. C'est aussi une des conséquences de la détente apportée par la pratique du sport-plaisir : les deux cerveaux en tirent ensemble un grand bénéfice.

Choisissez un cadre agréable pour votre nouvelle activité sportive : je conseille vivement de pratiquer le sport-plaisir en plein air, dans un environnement attirant où tous les sens seront sollicités ; évitez donc les endroits trop encombrés, bruyants, pollués. J'attache beaucoup d'importance au décor, car il faut, dès le début, créer pour le premier cerveau, dont on attend la collaboration étroite, un contexte attrayant, heureux. Même quand on réside en ville, il est toujours possible de trouver non loin de son domicile un espace arboré, protégé et si possible silencieux.

Pendant que je rédige ces conseils, je reçois un rapport de la Duke University (Caroline du Sud) ; une étude a porté, en 2001, sur une trentaine de patients de moins de trente ans traités par antidépresseurs. La moitié d'entre eux a été intégrée à un programme sportif léger, des séances de gymnastique de vingt minutes, et des randonnées courtes mais régulières, à pied ou à vélo.

Les conclusions des médecins de la Duke University sont formelles : cette activité sportive a eu chez les patients le même effet antidépresseur que les médicaments. C'est très clair pour moi : les deux cerveaux qui étaient désynchronisés ont retrouvé leur harmonie. Ce rapport me remit en mémoire un slogan de ma jeunesse : « Le sport, c'est la santé ! »

C'est le meilleur des médicaments.

Les dix commandements du « sport-plaisir »

1) Si vous n'avez jamais fait de sport ou si vous avez cessé d'en faire depuis plus d'une année, commencez par de courtes séances (dix ou quinze minutes). Arrêtez-vous à la première sensation de fatigue, de douleur ou d'essoufflement.

2) Quel que soit le sport-plaisir choisi, démarrez doucement par un « décrassage » (voir la gymnastique des deux cerveaux) qui a pour but de stimuler les voies hépato-biliaires ; vous éviterez ainsi le « point de côté », un signal d'alarme que vous envoie votre système neuro-végétatif qui n'est pas préparé à suivre votre activité. Si cela vous arrive, ne forcez pas, marchez doucement en respirant profondément. Si le point de côté persiste, stoppez pour la journée.

3) Au bout de deux à trois semaines, allongez la séance dont vous fixez vous-même la durée, selon votre plaisir. Vous arriverez vite à dépasser quarante-cinq minutes. Quarante-cinq minutes, c'est, pour moi, le seuil qu'il faut impérativement atteindre pour libérer les endorphines (hormones du plaisir et du bien-être) indispensables à l'harmonie, ou au retour à l'harmonie, des deux cerveaux.

4) Ne forcez jamais. Vous ne visez pas la compétition ou l'exploit. Votre but, c'est le bien-être et le plaisir.

5) Vous ne devez jamais sentir votre cœur s'accélérer ni la moindre douleur du ventre : votre pouls ne doit pas dépasser 140/160 pulsations/minute. Si cela se produit, arrêtez-vous et repartez lentement. Pour prendre votre pouls : placez la paume de la main droite vers le haut. Entourez le poignet droit avec la main gauche. Appuyez lentement le pouce gauche au pli du poignet. Vous devez sentir battre la veine. Comptez le nombre de pulsations sur quinze secondes (en utilisant votre montre chrono). Multipliez par 4 pour avoir le nombre de battements par minute. Au repos, vous devez obtenir entre 66 et 75 pour un homme, entre 75 et 83 pour une femme. Pendant l'exercice, le pouls ne doit pas dépasser 150 battements (homme et femme) ou 140 après cinquante ans. Après l'exercice, le pouls ralentit et doit se rapprocher de sa cadence normale. Si, cinq minutes après l'exercice, votre pouls dépasse 120 pulsations, cela indique un effort trop long et trop violent pour votre état physique ; vous devez alors réduire la durée ou l'intensité de l'exercice.

6) Faites ensuite un test sur votre ventre : placez vos deux mains sur le ventre de chaque côté du nombril, inspirez tout doucement et retrouvez le rythme de la respiration-détente sans aucune douleur abdominale. Si vous n'atteignez pas sept à huit secondes dans l'inspiration, huit à dix secondes dans l'expiration, marchez doucement pour effacer l'effet d'un effort trop intense.

7) Même réaction si votre respiration devient haletante. Arrêt immédiat ; marchez, respirez doucement.

8) Pour la marche et la course à pied, portez des chaussures à semelles amortissantes. Ne vous couvrez pas trop toute l'année. Hydratez-vous avant et après. Ne buvez ni trop vite, ni trop chaud, ni trop froid, ce qui déclenche une hyperacidité au niveau de l'estomac, ouvre le pylore et peut engendrer des douleurs et des coups de pompe.

Inspirez sur deux pas ou deux foulées, expirez sur trois. Tenez-vous droit, poitrine bien dégagée, épaules souples non crispées vers le haut. Les épaules et les bras doivent rester souples dans le rythme de la marche et de la course.

On peut marcher après un repas, mais en aucun cas courir : la marche après un repas accélère la digestion, la course la stoppe. À pratiquer chaque jour, au moins trente minutes.

9) Attachez une grande importance au choix du vélo et à votre position. Pas de ceinture autour du ventre, afin de le laisser respirer. Ne pédalez pas le ventre vide. Pour une longue randonnée, mangez et buvez tous les vingt-cinq kilomètres. Attention au coup de froid sur le ventre. N'oubliez pas un coupe-vent.

10) La natation est le sport sans doute le plus efficace pour harmoniser les deux cerveaux. Elle doit se pratiquer sans à-coups dans une eau de préférence chaude ou, encore mieux, salée, deux fois par semaine durant vingt à trente minutes.

Ces dix commandements du sport-plaisir d'endurance doivent vous persuader de l'importance que j'attache à cette forme d'activité dans la recherche de la santé du ventre.

J'ai évoqué (au troisième paragraphe) la nécessité d'atteindre et de dépasser quarante-cinq minutes. Il s'agit d'atteindre ce que les sportifs appellent le « deuxième souffle », moment privilégié où les endorphines sont largement distribuées et engendrent un état de grâce dans lequel tous les organes, glandes et systèmes fonctionnent au maximum de leurs possibilités.

Pendant les vingt premières minutes, je considère qu'il s'agit d'un échauffement neuromusculaire ; le premier cerveau se détend.

Pendant les vingt minutes suivantes, tous les organes, les glandes et les systèmes sont stimulés, entraînant une amélioration de la circulation et un apport d'énergie. Cette énergie ouvre la porte du second souffle.

Si on ne l'atteint pas, le bénéfice pour le ventre et le premier cerveau sera incomplet. C'est au bout de quarante-cinq minutes qu'on fortifie vraiment son métabolisme et qu'on harmonise les deux cerveaux.

LA GYMNASTIQUE DES DEUX CERVEAUX

Lorsque j'ai mis au point, il y a quelques années, ma « méthode de l'imagination », série de mouvements à base de contractions isométriques (contractions musculaires immobiles) et de déplacements des membres dans l'espace sous le contrôle direct et permanent du cerveau, j'ignorais encore l'étroite interdépendance du ventre, notre second cerveau, et du cerveau principal.

Ma méthode de l'imagination issue du premier cerveau prenait sa source et tirait son énergie du ventre. Quand le ventre, récemment, fut hissé par la recherche médicale au rang de second cerveau, et que les échanges entre eux à travers le nerf vague et les neurotransmetteurs furent établis, j'ai eu deux réactions principales :

1) La satisfaction de comprendre mieux les effets positifs que j'obtenais sur mes patients avec ma méthode de l'imagination.

2) L'envie d'aller plus loin dans l'utilisation, au bénéfice de mes patients, de cette interaction entre les deux cerveaux, en intégrant le ventre et son énergie de façon plus performante dans l'ensemble de mes exercices de l'imagination — ce que j'appelle désormais la

« gymnastique des deux cerveaux ». Elle fait intervenir, par rapport à toutes les gymnastiques occidentales (disciplines orientales exclues), un élément spirituel supplémentaire. Mieux, ceux et celles qui détestent les gymnastiques classiques la pratiqueront avec enthousiasme, car elle apporte du plaisir et exclut l'ennui.

Des mouvements imaginaires

Au début, mon idée maîtresse fut de mettre au point un ensemble de mouvements basés sur les gestes naturels, quotidiens et oubliés de la vie à la campagne : couper du bois, tirer de l'eau d'un puits, tirer des cordes, enfoncer des piquets, pousser, tirer, écarter ou soulever des charges lourdes. Autrefois, ces actions physiques contribuaient à éliminer stress et agressivité, à effacer l'angoisse, à calmer le système nerveux central. Cette saine fatigue entraînait un mieux-être psychologique.

Comme il n'est plus question de réapprendre à vivre comme nos ancêtres (même si le retour à la nature est à la mode), j'ai créé mes exercices de l'imagination où l'on imagine qu'on accomplit tous ces gestes. On peut les exécuter n'importe où, chez soi, au bureau, dans les transports, en voiture, en train, en avion. J'exigeai que la colonne vertébrale soit toujours bien positionnée en légère cyphose (dos rond, jambes fléchies comme l'homme de Cro-Magnon). Et que le ventre, libre de toute entrave, puisse se gonfler et se rentrer au maximum pour la respiration abdominale.

Pendant des années, ma méthode de l'imagination fit disparaître de nombreuses douleurs du dos, du ventre, guérit l'insomnie, activa la libido, fit perdre à mes patients d'innombrables kilos superflus, affina leur silhouette et, au niveau du premier cerveau, supprima l'anxiété et améliora leur confiance en eux.

Puis j'eus l'explication scientifique du rôle du ventre en tant que second cerveau : j'associai alors le ventre à tous les mouvements. Je leur demandai d'imaginer, sur le rythme de l'inspiration-expiration, qu'ils repoussent un poids avec le ventre et qu'ils l'attirent vers eux à l'expiration. Cette double approche, favorisant la coordination des deux cerveaux, a amélioré énormément les résultats de ma méthode dans tous les domaines, physiques et psychiques. Je lui donnai le nom de « gymnastique des deux cerveaux ». Aux effets de ma méthode de l'imagination s'ajoute une série de retombées positives spectaculaires :

• Les troubles neurovégétatifs (douleurs, aigreurs, ballonnements, spasmes) disparaissent. Suppression de tout problème de constipation.

• Élimination de la cellulite autour du ventre, des hanches, de la taille et des cuisses.

• Perte des kilos superflus, affinement et musculation non seulement de la sangle abdominale mais du corps dans son ensemble.

• Ventre plat en renforçant le « grand droit », muscle qui relie le sternum au pubis (c'est à lui qu'on donne le nom de « tablette de chocolat »). À travers le grand droit, on stimule tous les plexus du système neurovégétatif.

• Chute du mauvais cholestérol, régularisation de la tension artérielle, renforcement des systèmes cardio-vasculaire, pulmonaire, neurovégétatif.

• Assouplissement de la colonne vertébrale « libération » des disques intervertébraux, chaque vertèbre étant connectée à un système, organe ou glande ; tout blocage vertébral entraîne une dysfonction du ventre.

• Prévention du diabète type 2. Il a été récemment démontré (dans le *New England Journal of Medicine*) qu'une marche de trente minutes par jour était plus efficace que la prise de médicament. Une autre expérience réalisée dans une tribu indienne d'Amérique sur des femmes enceintes a prouvé qu'un seul mouvement de flexion du bras, d'une durée totale de une heure dans la journée, avait la même efficacité qu'une piqûre d'insuline.

• Renforcement des systèmes hormonal et immunitaire.

• Préparation psychologique et physique à tous les sports.

• Amélioration des états anxieux, fébrile, dépressif. Élimination de l'angoisse.

• Effet positif sur l'hypersensibilité, la timidité, la nervosité, la confiance en soi.

• Aide aux traitements de psychothérapie.

• Mise en harmonie des deux cerveaux.

Ventre et dos

Le ventre, ce second cerveau, est directement connecté à la colonne vertébrale. Sa santé dépend donc, aussi, du bon état de votre dos. De chaque trou de conjugaison d'une vertèbre sort un nerf qui correspond à un système, à un organe ou à une glande du ventre (c'est l'une des bases de l'ostéopathie). Par exemple, un blocage de l'articulation entre la quatrième et la cinquième vertèbre entraîne des troubles du foie, de l'estomac et une mauvaise circulation.

Un ventre en pleine santé n'est même pas imaginable quand on souffre d'un blocage, d'une compression, d'un tassement des disques intervertébraux. Si c'est le cas, consultez un rhumatologue, un ostéopathe, un chiropracteur, un kinésithérapeute, un acupuncteur ou un médecin de médecine sportive.

Je ne donnerai qu'un exemple parmi des centaines, celui de Jérôme, trente-cinq ans, souffrant de lombalgie. Il voyait en moi l'ostéopathe qui allait régler son problème en une séance de manipulation. Je lui expliquai que, pour soigner son dos et éviter des récidives presque inévitables, il devait en priorité soigner son ventre, second cerveau. Jérôme mangeait trop vite et par manque d'exercice avait perdu toute ceinture abdominale. Son ventre porté vers l'avant entraînait les vertèbres lombaires et avait fragilisé sa statique. Je lui fis pratiquer ma « gymnastique des deux cerveaux » deux fois par jour ; au bout de quelques semaines, il avait retrouvé, avec la santé de son ventre, une sangle abdominale renforcée, un ventre plat, une maîtrise de son temps lui permettant de passer à table détendu ; douleurs et insomnies disparurent. Au bout de quelques semaines, Jérôme avait oublié sa lombalgie.

Dans toutes les circonstances de la vie, redressez-vous en pratiquant cet exercice.

• Debout ou assis, dos droit, inspirez pendant sept à dix secondes en ouvrant au maximum votre poitrine, coudes au corps, poings serrés.

• En expirant pendant sept à dix secondes, arrondissez le dos, laissez tomber la tête, nuque souple, enfoncez vos mains dans le ventre pour le rentrer au maximum.

Comment pratiquer la gymnastique des deux cerveaux ?

Elle se pratique debout, assis, couché. Deux fois par jour, le matin après la douche et avant le petit déjeuner, le soir avant le dîner. Et chaque fois que vous éprouvez le besoin de combattre un stress, de vous détendre, de vous défouler.

Tombez la veste, libérez le ventre de toute entrave. Coupez-vous du monde extérieur. N'oubliez pas que chaque mouvement doit être d'abord imaginé et calculé dans son intensité par le premier cerveau, généré et contrôlé par le second cerveau (le ventre), « gestualisé » de façon lente, profonde et continue, et synchronisé avec la respiration abdominale.

La gymnastique des deux cerveaux, telle que je l'expose, exige, au début, un contrôle de soi-même. Je conseille, dans les premières séances, de commencer lentement avec des forces imaginaires faibles et de les augmenter progressivement. Un homme aussi athlétique que Gérard Depardieu, en l'exécutant avec nous sur le plateau de Canal+, a reconnu avoir ressenti aussitôt ses effets bénéfiques. Le tennisman Jérôme Golmard a guéri ses problèmes de dos et de concentration en pratiquant cette gymnastique plusieurs semaines d'affilée avant de l'adopter définitivement, ce qui, je l'espère, va accélérer sa carrière sportive (en Australie, il a battu des joueurs classés parmi les dix premiers mondiaux).

Premier exercice : tout le corps

• Debout, jambes bien écartées et fléchies, imaginez que vos pieds et vos jambes s'enfoncent dans le sol.

• Serrez les fesses et basculez le bassin, pubis vers le haut (à l'inverse des reins cambrés).

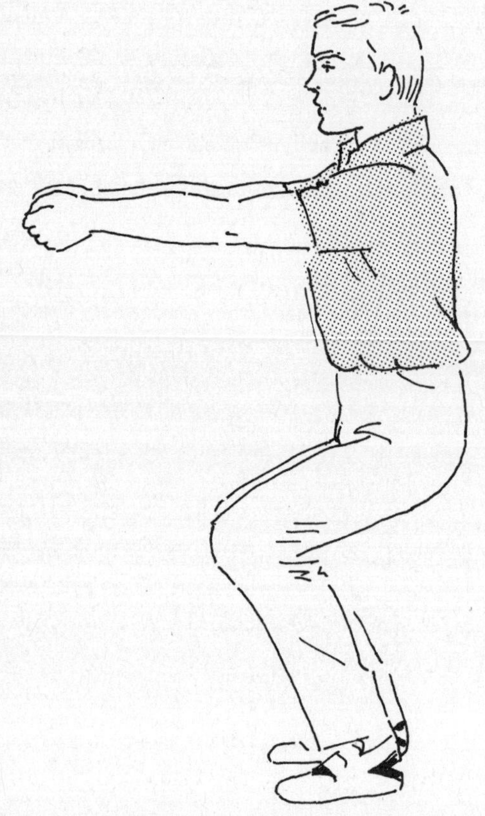

• Le dos est légèrement arrondi, les bras sont tendus vers l'avant, les épaules sont souples.

• Imaginez qu'en serrant les poings vous tirez vers vous une charge plus ou moins lourde (c'est votre cerveau qui décide).

En même temps, inspirez doucement par le nez pendant sept à dix secondes, gonflez votre ventre comme s'il repoussait une charge.

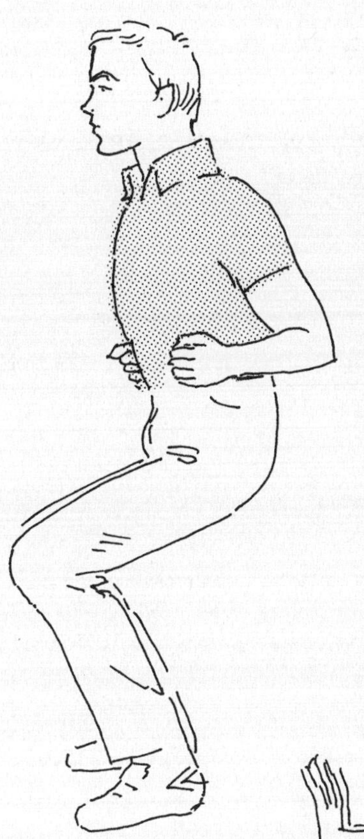

• Lorsque vos poings atteignent la taille (après sept à dix secondes), coudes au corps, marquez un temps d'arrêt de une à deux secondes.

• Ouvrez les paumes des mains et poussez la charge imaginaire vers l'avant en expirant pendant sept à dix secondes. En même temps, arrondissez le dos, laissez tomber la tête entre les bras, videz l'air de votre ventre afin qu'il rentre au maximum, nombril en direction de la colonne vertébrale.

À faire cinq fois au début, passez à sept ou huit fois au bout de quelques jours. Ne pas dépasser douze à quinze enchaînements, sauf pour les grands sportifs.

Deuxième exercice : ventre et dos

• À genoux sur un tapis épais, jambes légèrement écartées, bras tendus, paumes des mains à plat s'enfonçant dans le sol.

• Dans l'inspiration de sept à dix secondes, imaginez qu'avec le ventre gonflé vous repoussez vers le sol, pour l'enfoncer, une charge imaginaire.

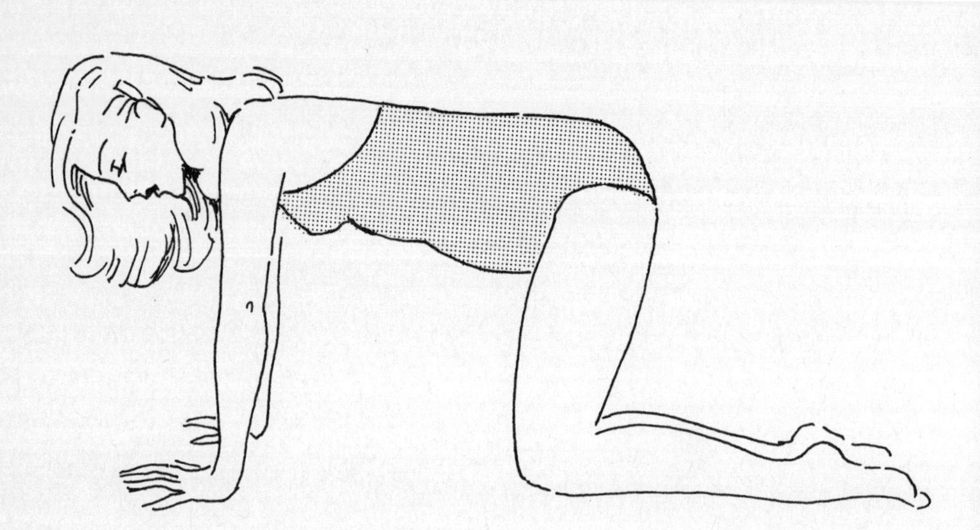

• À l'expiration de sept à dix secondes, imaginez que votre ventre attire la charge vers lui, le nombril vers la colonne vertébrale. Arrondissez le dos au maximum, comme si vous souleviez une charge. Laissez tomber la tête souple entre les bras tendus.

À faire cinq fois de suite en enchaînant le mouvement. Puis deux à trois séries de cinq.

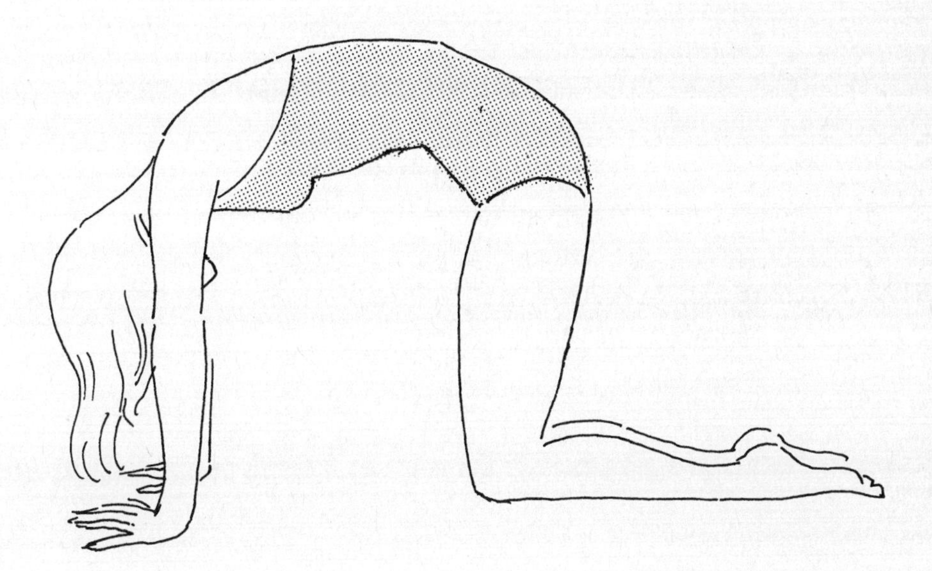

Troisième exercice : grand droit de l'abdomen

• Allongez-vous sur le dos sur un tapis épais, jambes fléchies.

• Dans l'inspiration sur sept à dix secondes, gonflez le ventre en imaginant que vous repoussez une charge vers le haut.

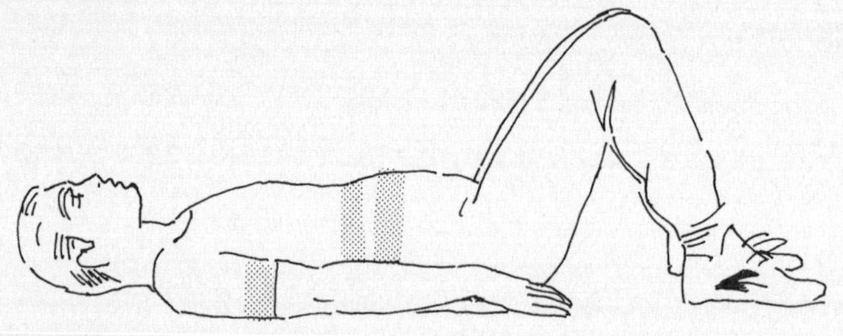

• Dans l'expiration de sept à dix secondes, soulevez le haut du corps, bras tendus vers les genoux, et restez immobile pendant toute l'expiration en imaginant que la charge pèse au maximum sur le ventre.

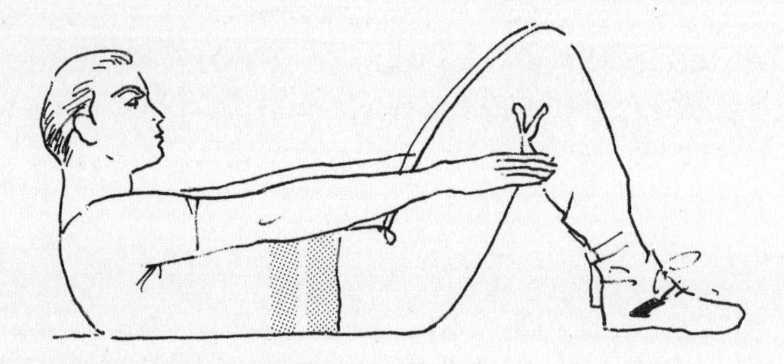

• Maintenez cette posture immobile pendant toute la durée de l'expiration (sept à dix secondes).

À faire cinq fois au début. Puis deux à trois séries de cinq.

Quatrième exercice : ventre et taille

• Allongez-vous sur le dos sur un tapis épais, jambes fléchies, une cheville posée sur le genou opposé, doigts croisés derrière la nuque, coudes écartés.

• Dans l'inspiration sur sept à dix secondes, gonflez le ventre en imaginant que vous repoussez une charge vers le haut.

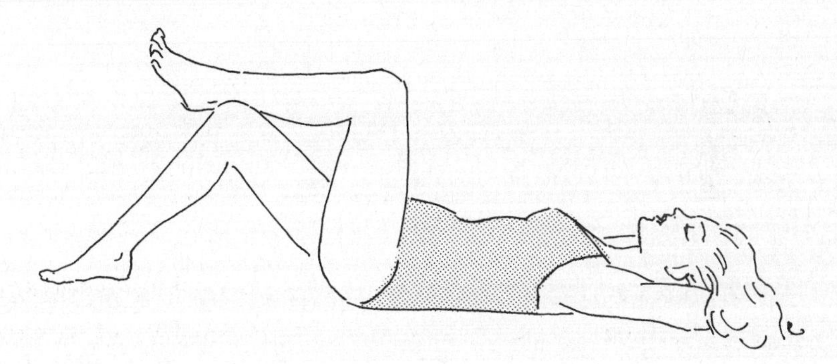

• Dans l'expiration de sept à dix secondes, soulevez le haut du corps en amenant le coude vers le genou opposé en maintenant les bras écartés, et en imaginant que la charge pèse au maximum sur le ventre.

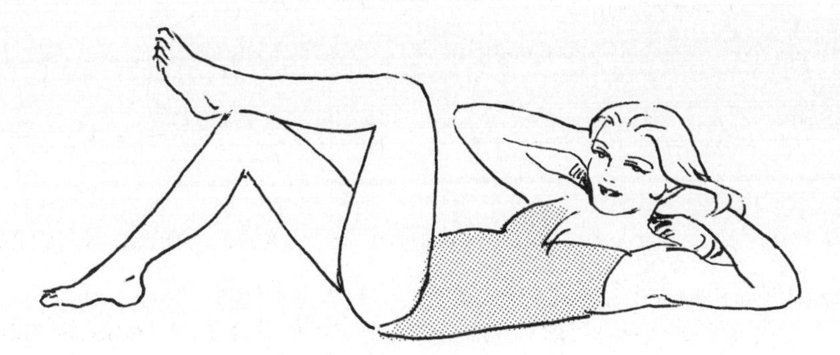

• Maintenez cette posture immobile pendant toute la durée de l'expiration (sept à dix secondes).

À faire cinq fois au début. Puis inversez la position des jambes. Ensuite, deux à trois séries de cinq.

Note : Si, dans le troisième et le quatrième exercice, vous éprouvez des difficultés à matérialiser les charges imaginaires nées dans votre premier cerveau, exécutez l'exercice avec, par exemple, un ou deux gros livres sur votre ventre — votre second cerveau.

Cinquième exercice

• Debout, jambes écartées, imaginez que vos jambes s'enfoncent dans le sol.

• Les bras sont tendus le long du corps.

• Inspirez doucement par le nez pendant sept à dix secondes en serrant les poings et gonflez votre ventre comme s'il repoussait une charge.

• Marquez un temps d'arrêt de une à deux secondes.

• Expirez sur sept à dix secondes en ouvrant les paumes des mains et en imaginant que vous poussez une charge vers le sol.

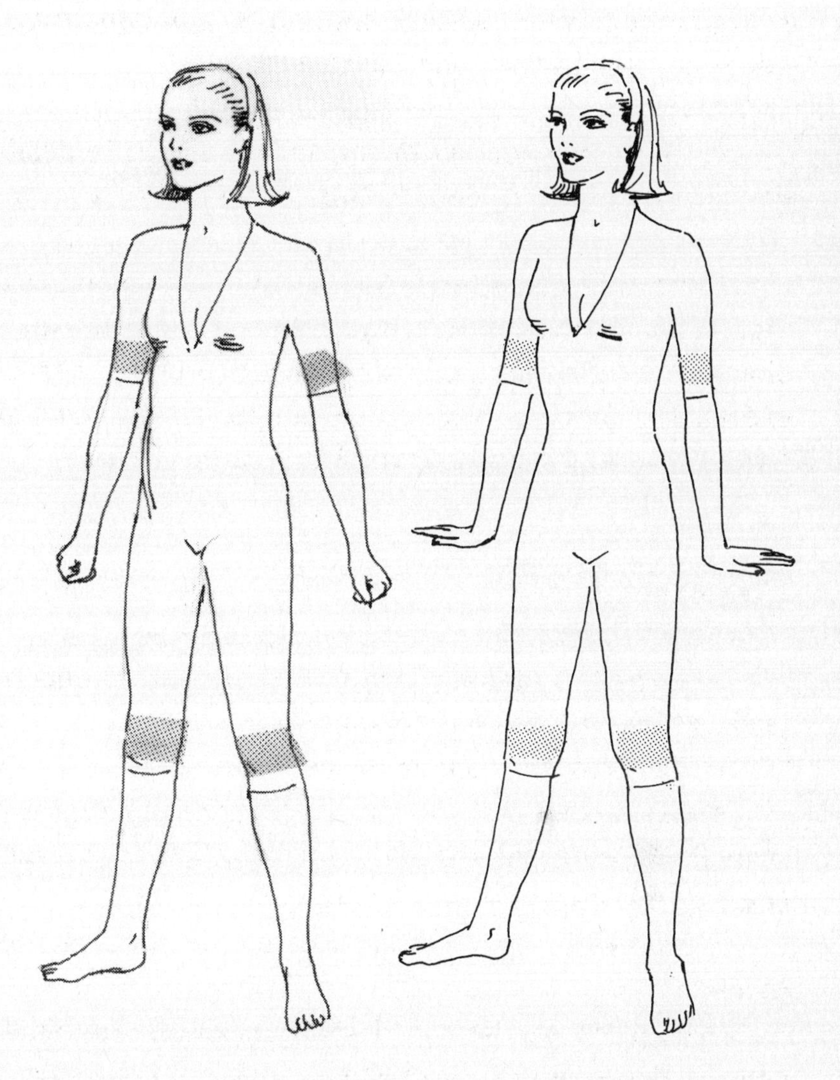

À faire cinq fois de suite. Puis deux à trois séries de cinq.

LES AUTOMASSAGES

Cela peut vous paraître difficile ; en réalité, l'automassage du ventre est un geste naturel, instinctif, facile à exécuter. En Asie, où j'ai fait plusieurs voyages d'études, on se masse en famille, entre amis, sans complexe.

Chez nous, des barrages de pudeur, d'éducation religieuse rendent ces pratiques culpabilisantes. On les considère comme inutiles. N'est-il pas curieux qu'on se baigne nu, qu'on danse en public de façon érotique, mais qu'on recule devant le contact de la peau ? Tout se passe comme si, chez nous, on avait honte (ou peur) de son ventre.

J'observe, toutefois, que la situation est en train d'évoluer ; la mode en est sans doute responsable. Dans les photos de publicité, le ventre, même arrondi, fait son apparition. Tout se passe comme si le ventre sortait du purgatoire, ce dont je me félicite. Il est curieux de remarquer que le retour du ventre coïncide avec sa promotion au rang de second cerveau.

À travers l'automassage, vous allez le connaître, le respecter, découvrir sa vie secrète l'aimer. Dans un minimum de temps, il va vous apporter un bien-être considérable, dans l'optique de l'harmonisation des deux cerveaux.

L'automassage du ventre joue un rôle important dans le traitement des troubles neurovégétatifs, douleurs gastrites, colopathies, ballonnements, règles douloureuses, gaz, constipation.

Il aide à améliorer et — pourquoi pas ? — à guérir les troubles fonctionnels : diabète type 2, excès de poids, troubles cardio-vasculaires, insomnies, fatigue, problèmes de peau, déficiences sexuelles, rhumatismes, maux de dos, etc.

L'automassage a aussi le pouvoir de créer un bien-être immédiat au niveau du cerveau supérieur, à travers les endorphines (ou hormones du bien-être) qui, dans la lutte contre les douleurs, sont beaucoup plus efficaces que tous les médicaments calmants.

En massant vous-même votre ventre (suivant les indications que vous trouverez plus loin), vous allez agir directement sur votre premier cerveau à travers les tissus et les muqueuses que vous sollicitez.

L'intestin grêle, que vous sentirez vivre sous vos doigts, là où s'accomplissent le tri et la répartition dans le corps des éléments nutritifs, à travers les capillaires sanguins et la voie lymphatique, comporte huit à neuf cents replis et dix millions de villosités minuscules. Côte à côte, elles représenteraient la surface d'un court de tennis !

Leur rôle est très important. Relié au premier cerveau par le nerf vague, l'intestin grêle joue un rôle capital dans l'harmonie des deux cerveaux.

En massant l'estomac, vous agissez sur la concentration.

En massant le gros intestin, vous renforcez la résistance aux émotions.

En massant la zone de la rate, on combat fatigue et dépression.

En massant le foie et la vésicule biliaire, on chasse l'anxiété.

Joëlle, trente-deux ans, est venue me consulter pour un problème de fatigue.

Le pharmacien lui avait conseillé des vitamines, des oligoéléments, etc. Mais sa fatigue persistait et la handicapait lourdement dans son travail. Elle présentait un surpoids d'environ 5 kilos sur le ventre et la taille. Son ventre était dans sa totalité gonflé, spasmé, et, à la manœuvre du pincé-roulé sur les plexus solaire, vésiculaire et pancréatique, je trouvai un tissu conjonctif très douloureux.

Je constatai que Joëlle avait une alimentation trop sucrée, et aucune activité physique. Je l'adressai à un généraliste, demandai des analyses, et on trouva 1,20 g de sucre dans le sang : elle était prédiabétique sans le savoir.

Je lui prescrivis des automassages du ventre, qu'elle pratiqua matin et soir, surtout au niveau du pancréas. Avec ma méthode (respiration, alimentation, exercices, méditation, etc.), le taux de sucre de Joëlle revint en deux mois au taux normal de 0,80 avec la perte de ses kilos excédentaires.

L'automassage réveille dans le premier cerveau des sensations et des souvenirs de la prime enfance. Il constitue aussi un système de prévention contre les maladies plus graves.

Massez votre second cerveau

L'automassage est un jeu d'enfant : depuis ma plus petite enfance, je le pratique sur moi-même.

Il n'est pas nécessaire d'être un thérapeute professionnel, d'avoir un don particulier dans les mains, une expérience de plusieurs années, d'avoir pratiqué sur d'autres des milliers de manœuvres manuelles pour obtenir sur soi-même simplement avec ses mains des résultats extraordinaires.

Dans mon livre précédent, *Plus jamais mal au dos* (Robert Laffont), j'ai proposé des automassages de la région lombaire, de la nuque, des épaules, etc., et j'ai reçu par dizaines des lettres de remerciement : toutes insistaient sur le fait que l'automassage était facile, ne soulevant aucune difficulté technique, et avait eu des résultats remarquables sur leurs douleurs de dos et leur équilibre général.

Le ventre est plus facile à automasser et, en regard de sa connexion directe avec le premier cerveau, beaucoup plus réceptif aux manœuvres manuelles.

Pour moi, il y a deux grandes catégories d'automassage : les automassages apaisants, calmants, relaxants, et les automassages traitants.

1) Les automassages apaisants, calmants, relaxants

• Effleurage

En dehors de la digestion, en position assise ou couchée, jambes repliées, commencez par des manœuvres d'effleurage tout en respirant très doucement ; les mains glissent sans exercer de pression sur toute la surface du ventre, dans le sens des aiguilles d'une montre.

L'effleurage doit se pratiquer sans huile ni crème, afin d'établir au maximum le contact de la peau. On peut le faire dans un bain ou sous la douche. (Une minute environ.)

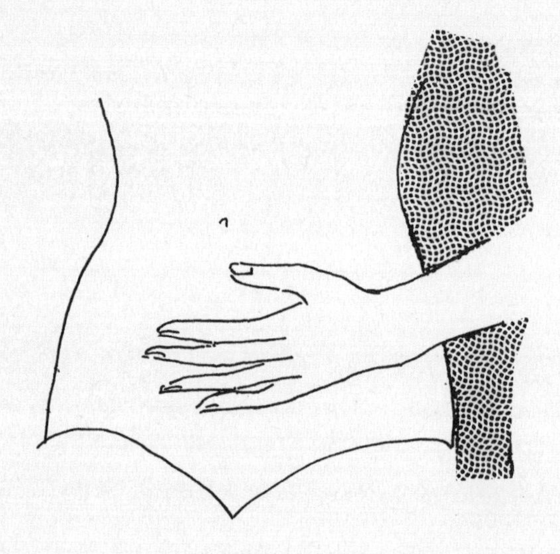

• Pressions

Mains à plat sur le ventre. Inspirez, gonflez le ventre, créez une opposition avec les mains comme si vous vouliez empêcher le ventre de gonfler. Dans l'expiration, en rentrant votre ventre, enfoncez vos mains au maximum.

Pour accentuer les pressions, procédez par pressions et relâchements rapides.

Tout en maintenant les mains posées sur le ventre, accompagnez les pressions de vibrations. (Deux minutes environ.)

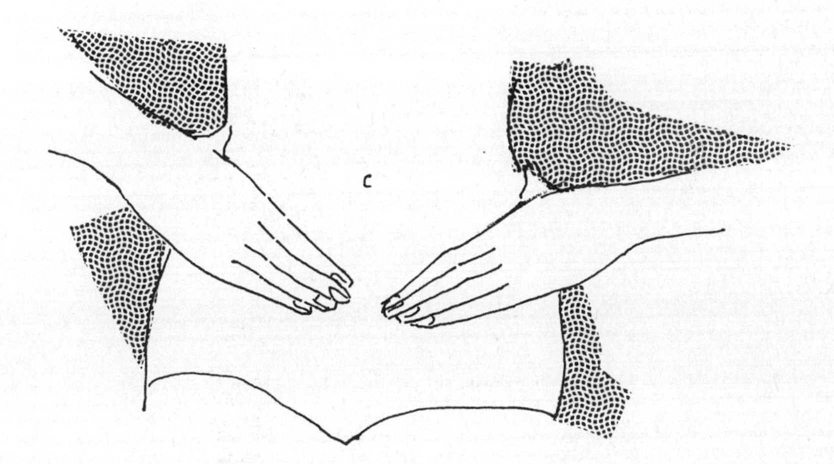

• Malaxages et pétrissages doux

Toujours dans le rythme de ma respiration-détente, saisissez à deux mains les bourrelets de votre ventre, malaxez et pétrissez la peau et le tissu conjonctif comme si vous pétrissiez de la pâte. Les paumes des mains et les doigts doivent rester en contact avec la peau ; ces manœuvres doivent s'effectuer lentement, en profondeur et surtout sans friction. (Une minute environ.)

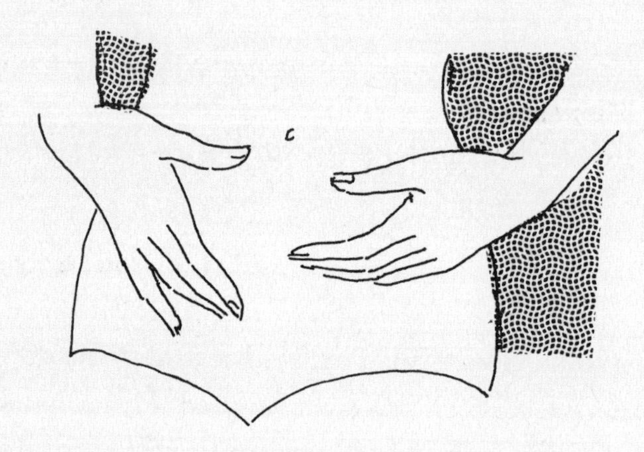

2) Les automassages traitants

Ce sont des automassages plus puissants, plus directifs, plus précis, faisant appel à la respiration abdominale profonde, concentrés sur les zones des plexus (points exquis situés sur les méridiens et qui commandent un système, un organe ou une glande). Ils demandent plus de concentration et de force.

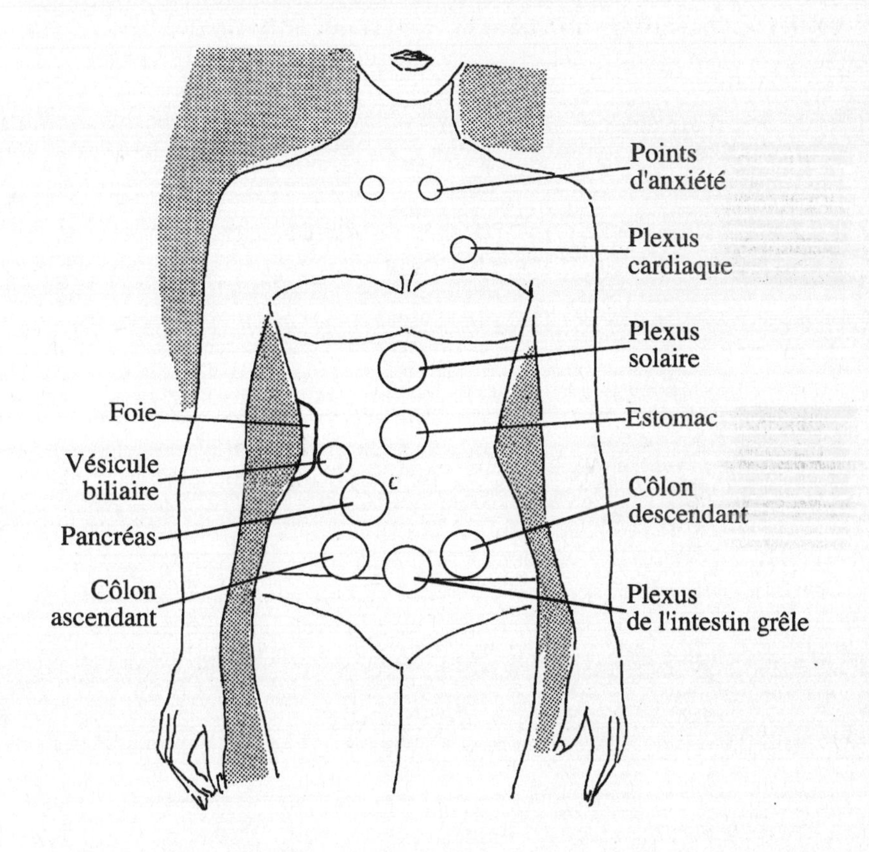

Ils se pratiquent sans huile ni crème, avec des ongles courts pour que la pulpe des doigts, extrêmement sensible, sente les points exquis.

• Malaxage profond

Mêmes manœuvres que le malaxage doux (voir plus haut), mais la peau et le tissu conjonctif sont saisis et malaxés plus profondément. Ce malaxage profond va préparer le tissu conjonctif aux deux autres manœuvres traitantes.

• Pincé-roulé et pétrissage

Le pincé-roulé consiste à saisir la peau, avec une ou deux mains, entre le pouce et les doigts, et à la faire rouler entre les doigts. Le pincé-roulé a pour objet de chasser l'infiltration cellulitique qui a envahi le tissu conjonctif.

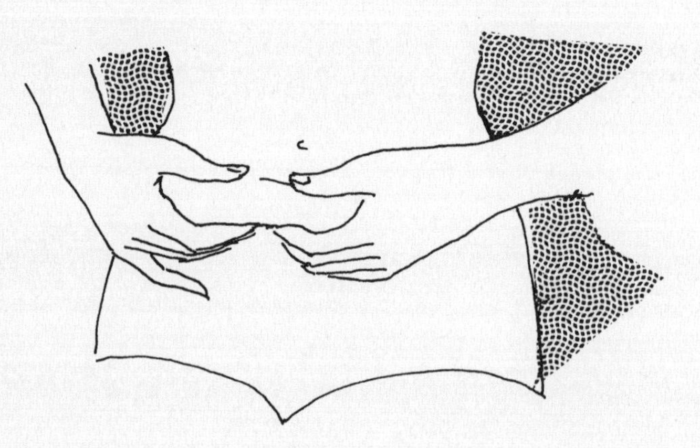

L'automassage du pincé-roulé permet de détecter des points exquis correspondant à un système, organe ou glande.

S'ils sont douloureux, ils annoncent une dysfonction du système, de l'organe ou de la glande concernés. On accompagne la manœuvre de pincé-roulé, sur les points exquis, d'une manœuvre de pétrissage très vigoureuse afin de détruire et d'éliminer l'amas cellulitique.

Trente-cinq ans d'expérience m'ont prouvé qu'aucun traitement n'était aussi efficace que l'élimination par automassage, ou autre massage, des amas cellulitiques sur ces plexus. Cette médecine remonte à des milliers d'années, bien avant l'acupuncture.

C'est avec cette technique que j'ai guéri moi-même mon ventre et que de nombreux patients, pratiquant l'automassage, ont obtenu le même résultat.

Automassage de la tête

Masser la tête, c'est aussi détendre son ventre, en regard des nombreuses connexions entre les deux cerveaux.

• Assis, les coudes appuyés sur une table, posez vos deux mains sur la tête et faites avec les doigts des pressions-rotations assez fortes. En même temps, essayez de décoller le cuir chevelu. Travaillez, surtout sans frictionner, le front, le pourtour des sourcils, les tempes, la nuque. (Deux à trois minutes.)

On peut pratiquer ce massage de la tête à n'importe quel moment de la journée pour combattre angoisse, stress, émotion, fatigue, etc. Il favorise le sommeil en stimulant les nerfs crâniens et en partie le nerf vague, il a pour effet de favoriser l'harmonie des deux cerveaux.

LA MÉDITATION ABDOMINALE

Vous pensez aussi avec votre ventre

Nous savons maintenant que notre ventre est un cerveau à part entière, communiquant en permanence avec le cerveau supérieur, produisant non seulement la quasi-totalité de nos cellules immunitaires, mais un grand nombre de neurotransmetteurs et de molécules comme la sérotonine, arbitre secret de nos états d'âme. Une nouvelle discipline est d'ailleurs en train de naître : la « neurogastro-entérologie ».

Les travaux récents du professeur Gershon et du docteur Furnes le démontrent sans contestation possible : notre ventre régit en partie nos émotions et garantit notre santé qui dépend, avant tout, d'un bon équilibre entre nos deux cerveaux reliés par le nerf vague.

De là à affirmer qu'on pense aussi avec notre ventre, il n'y a qu'un petit pas. Je n'hésite pas à le franchir.

Les neurones de notre second cerveau ont leur vie propre, on les a même dénombrés : plus de cent millions (autant que la moelle épinière) produisant au moins vingt neurotransmetteurs, identiques à ceux du cerveau supérieur, et qui ont leur vie propre. À l'INSERM, l'équipe du professeur Galmiche travaille activement sur la vie neuronale du ventre. De grands laboratoires, toujours à l'affût de nouveaux médicaments, explorent ce territoire. Bientôt, j'imagine, on saura capter et matérialiser l'activité des cellules nerveuses du ventre comme on le fait pour le cerveau supérieur via l'encéphalographie. Et le traitement de nombreuses maladies, comme celle d'Alzheimer, passera par le ventre.

En attendant ces découvertes, et ses applications pratiques, je vous propose, en appui de ma méthode, une méditation abdominale de nature à prolonger et à renforcer les autres décisions que vous avez prises. Cette méditation aura pour effet de vous faire « sentir » votre ventre, de prendre conscience de ses mouvements, de ses vibrations, du travail constant qui s'y produit le long des viscères, sur la muqueuse interne qui tapisse nos sept mètres d'appareil digestif, hérissée de villosités et de microvillosités hypersensibles à tout message du cerveau supérieur.

Je signale une nouvelle fois au passage que la méditation abdominale est pratiquée couramment en Orient et que les yogis obtiennent, en concentrant leur pensée sur leur ventre, une maîtrise totale de leur comportement. Certains d'entre eux peuvent volontairement, avec l'aide de la respiration abdominale, modifier leur pression artérielle, faire monter ou descendre à volonté la température de leur corps, bloquer ou accélérer leur processus digestif et vider leur intestin. En

Inde, où je me suis rendu encore récemment, j'ai observé et analysé ces phénomènes qui me passionnent depuis toujours. En Inde, on considère que la première condition pour atteindre la sérénité et l'état de méditation, accès vers le bonheur suprême, est un ventre en bonne santé : par intuition, les yogis connaissent depuis toujours la relation étroite existant entre les deux cerveaux, le rôle des neurotransmetteurs ; pour eux et pour beaucoup d'Orientaux, le ventre est le centre de la vie. Je partage cette vision : on sait, désormais, que les souvenirs d'enfance, heureux ou malheureux, les émotions, les éblouissements comme les déceptions, les chocs, souvent très forts, des premières années sont inscrits dans l'inconscient du ventre comme dans l'inconscient de notre premier cerveau. Des travaux récents, au Canada, ont éclairé ce concept : il est démontré que notre ventre, comme notre tête, archive notre histoire émotionnelle. C'est un territoire de recherche encore presque inexploré, mais riche de possibilités, en particulier dans la guérison de troubles psychiques.

Vers la psychanalyse du ventre

Dans l'avenir, je prévois, avec les chercheurs canadiens, une véritable psychothérapie fondée sur le ventre. Je suis sûr que la méditation abdominale, associée à la respiration abdominale et aux automassages, permettra des cures efficaces. Je me réfère encore une fois à mon cas personnel : c'est à travers mon ventre, que je massais régulièrement, que j'écoutais, que je sentais vivre sous mes doigts, que j'ai dominé et évacué les troubles profondément traumatisants de mon enfance, provoquant l'étonnement de spécialistes aussi éminents que Françoise Dolto, à qui je m'étais confié et qui, ne s'intéressant qu'à mon premier cerveau, refusait de prendre en compte mes douleurs de ventre. Je provoquerai le même refus de la part du docteur Roland Cahen, assistant et traducteur de C.G. Jung, qui était prêt à traiter mon mental mais qui restait obstinément sourd aux cris de mon second cerveau. J'ajoute que quelques années plus tard, le disciple de C.G. Jung s'étendit sur ma table de soins en quête de traitements de son ventre, qu'il acceptait, enfin, de considérer comme son second cerveau.

Le retour à l'équilibre, que j'ai mis des années à réaliser, passait par mes deux cerveaux ! La lecture des ouvrages de Boris Cyrulnik sur la résilience — possibilité de rebondir après un traumatisme violent — m'en a apporté la confirmation. Aujourd'hui, j'ai non seulement guéri mon esprit en guérissant mon ventre, mais je suis capable de méditer et de penser à travers lui. C'est ce que je vais vous apprendre à faire pour le plus grand profit de votre santé, de votre équilibre, de votre bonheur.

À ce stade de la rédaction de ce livre, j'ai une pensée pour un de mes patients, Romain, vingt-sept ans, qui s'échoua, comme un dauphin noyé, sur ma table de massage. Très émotif, timide, Romain souffre du ventre et fait état de déficiences sexuelles. Je mets peu de temps à mettre en lumière une situation conflictuelle grave remontant à l'enfance : parents très autoritaires, divorce mal vécu, échecs sexuels dès l'adolescence, dépression, etc. Lors des premières séances de traitement du ventre, je détecte les points douloureux correspondant à ses plexus noués, que je pétris, que je malaxe. Romain entre dans les détails de sa vie, comme s'il remontait dans son passé. Il me semble même qu'il découvre des situations, des traumatismes qu'il avait oubliés ou occultés : la vision de sa mère divorcée avec un amant ou son premier échec sexuel à dix-sept ans. Mes traitements du ventre associés à la respiration-détente et à la méditation abdominale, qu'il pratiquera deux fois par jour, calment assez rapidement son émotivité excessive, lui rendent la maîtrise de son corps et, en quelques mois, sa virilité : ses deux cerveaux réconciliés lui ouvrent enfin la perspective d'une vie heureuse.

Comment pratiquer la méditation abdominale ?

• Posez les mains ouvertes sur votre ventre directement sur la peau.

Dirigez vos pensées vers votre ventre. En inspirant profondément, et très doucement, vous devez sentir sous vos mains le trajet des fluides internes, sous forme de gargouillements, de tressaillements plus ou moins continus.

• Fermez les yeux.

Isolez-vous du milieu ambiant. Vous êtes dans une bulle. Coupez le contact avec l'extérieur ; même l'odorat peut être suspendu. Seuls vont rester en activité le toucher et le travail intérieur.

Pour atteindre cet état, faites appel à ma respiration-détente, que vous pratiquerez pendant deux à trois minutes : cela vous servira à vous débarrasser des séquelles de stress, d'impatience, d'anxiété, d'attentes que chacun transporte avec soi.

En deux à trois minutes, un peu plus au début, vous parvenez à un état de réceptivité premier stade de la méditation abdominale.

• Imaginez que votre ventre est une rivière sinueuse, dont le cours peut être interrompu par différents obstacles barrages, cascades, resserrements, etc., et dont le lit s'élargit ou se rétrécit.

• Concentrez votre esprit sur ces obstacles correspondant, sur la surface du ventre, à des points plus ou moins durs ou douloureux.

• Déplacez vos mains lentement du plexus solaire (sous le sternum) jusqu'au bas-ventre, parcourant toutes les zones du ventre.

• Cette méditation va immédiatement entraîner une sensation de chaleur et déclencher, au niveau du premier cerveau, un bien-être, un apaisement, une sensation de libération offrant à l'esprit des perspectives différentes.

La méditation peut aussi ouvrir les portes de l'inconscient et faire remonter jusqu'au premier cerveau les souvenirs, les émotions, les chocs et les joies gravés dans le ventre depuis la prime enfance.

• Dans un endroit isolé, calme, silencieux, propre à la concentration, asseyez-vous de façon confortable dans un fauteuil, ou sur le sol en position du tailleur.

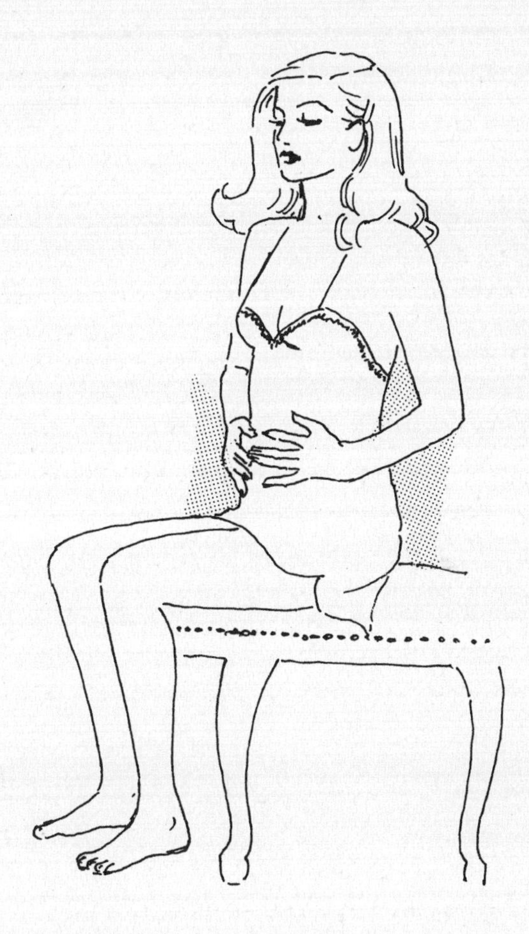

J'ai déjà dit que j'entrevoyais dans cette remontée de souvenirs du second au premier cerveau l'annonce d'une psychothérapie. Dès maintenant, je constate que chez des patients en analyse, ou en psychothérapie, ma méditation abdominale a facilité le travail des thérapeutes et favorisé des guérisons.

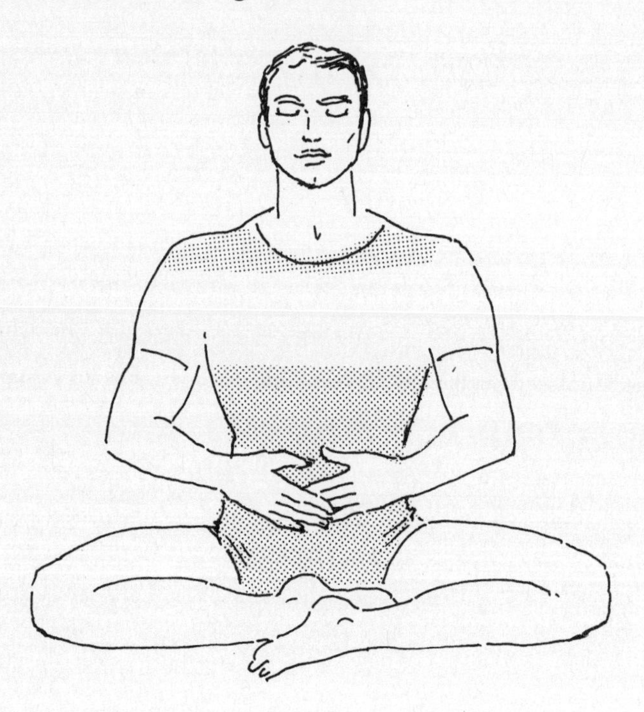

• Pratiquez cet exercice pendant dix minutes au moins une à deux fois par jour, plus si vous le souhaitez. Il vous faudra sans doute quelques semaines pour franchir le premier stade et sentir votre ventre vivre vraiment sous vos mains. Alors seulement seront créées, dans la mise en harmonie des deux cerveaux, les conditions de la méditation abdominale.

III

LE GUIDE

LE GUIDE

Avec ce nouveau regard que, je l'espère, vous posez maintenant sur votre ventre, votre second cerveau, santé, équilibre, bien-être apparaissent sous un éclairage différent. Respirant autrement, mangeant mieux et plus régulièrement, pratiquant ma gymnastique des deux cerveaux, un sport-plaisir, les automassages et la méditation abdominale, vous avez entre vos mains les clés d'une nouvelle hygiène de vie que j'ai approfondie au fil de trente-cinq ans d'expérience et de réflexion.

Ce guide va vous en faciliter l'accès.

Premier point

Il va vous aider à vous débarrasser du ou des troubles fonctionnels qui, souvent, gâchent la vie. Pour moi, un trouble fonctionnel survient lorsque la fonction normale, naturelle, d'un système (systèmes respiratoire, cardiaque, nerveux, lymphatique), d'un organe, d'une glande, d'un muscle, d'une articulation, est qualitativement déficiente et (ou) quantitativement amoindrie.

Exemples : digestion pénible, ventre ballonné, mal de dos, jambes lourdes, insomnies, prise de poids anormale, troubles sexuels, état dépressif, etc. Le trouble fonctionnel est indépendant de toute lésion organique. Il peut disparaître et guérir.

Deuxième point

Dans l'hypothèse d'une lésion ou d'une maladie organique, affection cardiaque ou rénale, maladie infectieuse, atteinte virale, rhumatismes articulaires (arthrite, arthrose), maladie tumorale, etc., ma méthode est en mesure d'aider à stabiliser l'état du malade, à soulager la douleur, en apportant une aide au médecin traitant.

Troisième point

En appliquant mes conseils, vous écartez le risque de voir un trouble fonctionnel se transformer en maladie organique. La mise, ou remise, en bonne condition de votre ventre, tout en rétablissant la communication, interrompue ou altérée, avec le premier cerveau, accroît la quantité et la qualité des cellules immunitaires — nos alliées précieuses contre toute agression — que le ventre, je le souligne encore, produit dans une très forte proportion (certains biologistes disent : plus de 80 %).

Certaines fiches de ce guide se recoupent. Si vous souffrez de fatigue, d'insomnie, et si vous ne parvenez pas à vous débarrasser de vos kilos superflus, consultez les trois chapitres concernés. Rares sont les troubles fonctionnels isolés. Un diabète type 2 est presque toujours lié à une prise de poids, des maux de dos s'accompagnent en général de troubles du sommeil, un état dépressif joue sur la sexualité, etc. Reportez-vous à la fiche correspondant à chacun de vos problèmes. Les conseils que vous y trouverez vous renverront à des chapitres de ma méthode. Mettez-les en application. Tout au long de ma carrière, j'ai vu bien des troubles fonctionnels disparaître, des désastres psychologiques dépressions, crises d'angoisse, perte de confiance en soi — devenir de (mauvais) souvenirs, simplement parce que mon patient, ou ma patiente, avait guéri son ventre et continué après l'amélioration à suivre ma méthode.

C'est cette constatation qui a inspiré ce livre et ce guide, basés sur la santé du ventre — et l'interaction entre vos deux cerveaux. Reportez-vous à la fiche où se reflète votre problème éventuel. Vous y trouverez, je l'espère, la solution pour recouvrer la santé de votre ventre.

AÉROPHAGIE

Elle se caractérise par la présence excessive de gaz dans l'estomac et entraîne ballonnements, spasmes, pesanteur, hypersécrétions des sucs gastriques, mauvaise haleine, fatigue, douleurs au niveau de la poitrine qui peuvent parfois être prises pour des douleurs cardiaques.

Elle est souvent la conséquence d'émotions à répétition, d'anxiété, d'angoisse, de nervosité, de manifestations de timidité…

Elle apparaît toujours chez ceux qui mangent et boivent trop vite.

En suivant ma méthode, en soignant le ventre, en harmonisant le premier et le second cerveau, on voit diminuer, puis disparaître très rapidement les symptômes de l'aérophagie.

Respiration abdominale

Avant chaque repas, pour vous détendre et vous permettre de manger lentement, pratiquez cinq fois ma respiration-détente-bien-être (voir p. 38). Au restaurant, vous pouvez la pratiquer assis en lisant le menu. Un détail : attention aux vêtements trop ajustés, à la ceinture serrée qui compriment le ventre.

Alimentation

- Évitez de manger debout, dans le bruit et précipitamment.
- Ne buvez pas abondamment, et d'un seul coup, et surtout des boissons gazeuses ou glacées. À table, limitez votre consommation de liquides.
- Ne mangez pas courbé vers une table basse.
- Ne mangez pas après un effort violent ou si vous êtes en forte transpiration.
- Évitez les excès alimentaires qui dilatent l'estomac.
- Évitez de trop parler en mangeant.
- Sachez que mâcher du chewing-gum est une source d'aérophagie.
- N'abusez pas, au cours du même repas, des aliments qui provoquent des ballonnements : les haricots blancs, les fèves, les lentilles, les fromages fermentés, les melons, les fruits rouges, les tomates en début de repas, les potages, les viennoiseries, le miel, la confiture… les salades composées en entrée, les boissons sucrées ou sodas, la mie de pain.
- Attention aux excitants : thé, café, alcool, tabac… surtout à jeun.

• Fractionnez la prise alimentaire quotidienne en cinq petits repas légers pris dans le calme et mangés doucement pour une mastication complète des aliments.

Sport-plaisir

Pour éviter l'aérophagie, n'oubliez pas de détendre votre premier cerveau. Un des moyens efficaces est de pratiquer au moins deux ou trois fois par semaine un sport d'endurance, pendant quarante-cinq minutes au minimum (voir p. 112).

Automassages

Avant de passer à table, couplez des manœuvres d'automassage-effleurage avec mes exercices de respiration. Il existe un « point de l'aérophagie », situé sous les côtes, dans la partie supérieure du ventre, au niveau de l'estomac à la base du sternum (plexus solaire). Effleurez-le et malaxez-le, même à travers vos vêtements (voir p. 143).

ALLERGIE ALIMENTAIRE

Les problèmes allergiques sont de plus en plus fréquents il suffit de regarder autour de soi. Les statistiques le confirment : les allergies alimentaires, source de problèmes digestifs, de vomissements, d'eczéma, d'urticaire, voire d'œdème de Quincke, ont quintuplé ces vingt dernières années surtout chez les enfants. Pour les allergies respiratoires, elles aussi en progression, reportez-vous au chapitre Asthme (p. 172).

Quand un patient invoque une allergie quelle qu'elle soit, je me dirige (comme d'habitude) vers son ventre. Alimentaire (on peut être allergique à de très nombreux aliments) ou respiratoire(pollution, pollen, acariens, etc.), quelles que soient ses manifestations (asthme, sinusite, eczéma, boutons, douleurs du ventre), l'allergie peut presque toujours être contrôlée, espacée et très souvent supprimée par un traitement du ventre et la mise en application des sept bases de ma méthode.

Tout allergique est habitué à combattre ses troubles à l'aide de médicaments, les fameux antihistaminiques. On obtient en général une amélioration, mais à quel prix ! La médication antiallergique entraîne toujours une hyperacidité du ventre, génératrice d'indigestion chronique, de fatigue générale, ressentie au niveau du premier cerveau.

L'allergie se développe toujours sur un ventre en mauvais état, un ventre dont la flore intestinale est déjà perturbée. Des travaux de l'INSERM à l'hôpital Necker, à Paris, ont récemment rapproché les mécanismes d'intolérance allergique à ceux qui sont responsables des troubles intestinaux.

Supprimer la cause de l'allergie est, évidemment, le premier geste à accomplir. Mais c'est insuffisant dans la grande majorité des cas ; il faut aussitôt reconstituer une bonne flore intestinale et détendre le premier cerveau. C'est à ce prix qu'on a une bonne chance de se débarrasser définitivement de ses problèmes d'allergie.

Alimentation

Les produits laitiers, surtout le lait de vache, sont responsables de nombreuses allergies. Après quatorze-quinze ans, trois personnes sur quatre ne digèrent plus la protéine laitière. Autres responsables d'allergies, les œufs, l'arachide, les noisettes, les noix, le chocolat au lait, parfois les poissons, la farine de lupin très souvent utilisée dans les biscuits pour améliorer les qualités de la farine de blé, et jamais signalée sur les étiquettes. On considère aussi comme responsables des allergies alimentaires les conservateurs et tous les produits ajoutés aux aliments (comme l'inuline, ingrédient utilisé à cause de son « effet fibre », qu'on trouve parfois dans le beurre, les crèmes glacées, les yaourts, les céréales, les confiseries, etc.).

Autre facteur favorisant les allergies alimentaires : l'hyperacidité du bol alimentaire, déclenchée par une prise alimentaire rapide et désordonnée, des excès de thé, de café, d'alcool, de tabac (même passif), des prises régulières de médicaments ; par des excès de pâtisseries, surtout à base de farine blanche. Certains insistent sur le risque que représentent des dents en mauvais état (caries).

Il faut savoir que le même produit alimentaire allergène aura des effets désastreux pris en quantité normale, mais sera souvent toléré à petites doses et peut alors devenir antiallergique (principe de l'homéopathie). Mon conseil pour éviter les réactions allergiques : changer le plus souvent possible de restaurant, de boulangerie, de crémerie, et consommer les aliments les plus frais, les plus naturels possible.

Mangez dans le calme, lentement et régulièrement.

Respiration abdominale

Elle joue un rôle important dans le combat contre l'allergie, car elle chasse, en accélérant la circulation sanguine, la fermentation excessive (indigestion chronique). À pratiquer toutes les heures (voir p. 38).

Sport-plaisir

Couplé avec ma respiration-détente, il renforce le système cardio-vasculaire, permettant au sang bien oxygéné de combattre et de chasser les toxines du ventre, du foie, des glandes et des organes. Chez les sujets sensibles à l'allergie, l'échauffement (cinq à sept minutes) est indispensable, de même qu'une séquence de récupération de dix minutes après l'effort. L'allergique ne doit ni se couvrir trop ni se découvrir pour garder une température interne constante. Évitez les activités en force qui perturbent le métabolisme de base et peuvent accroître l'allergie.

Gymnastique des deux cerveaux

Elle renforce la sangle abdominale et stimule le foie, les intestins où se stockent les toxines ; leur mise (ou leur remise) en condition éloigne les risques allergiques (p. 121).

Méditation abdominale

À pratiquer une fois par jour minimum (p. 147).

ANXIÉTÉ, ANGOISSE

Toute anxiété, toute angoisse, tout trouble de l'émotivité (timidité excessive, manque de confiance en soi, hypersensibilité, hypernervosité, etc.) passe par le ventre. Perçu et enregistré par le premier cerveau, chaque choc émotionnel se répercute dans le ventre ; inversement, chaque dysfonction ou maladie du ventre est transformée en émotion par le cerveau supérieur. La découverte du rôle capital des nerfs crâniens, reliés au nerf vague qui se prolonge dans l'abdomen, l'importance de plus en plus grande accordée aux neurotransmetteurs fonctionnant dans les deux sens confirment la prééminence de l'influence du rôle du ventre dans tous les désordres psychologiques.

En soignant le ventre, je l'affirme, on peut vaincre une timidité même très ancienne, un trac persistant, des complexes remontant à l'enfance : j'ai déjà signalé que des traumatismes de l'enfance se gravaient profondément au niveau du ventre. Personnellement, je n'ai réglé définitivement mes problèmes de timidité, de « mal-être », hérités de mon enfance difficile, qu'en guérissant mon ventre. Les « stress », les émotions dérèglent notre horloge biologique. On compense en mangeant plus, en quête de sensations réconfortantes. Ou on arrête de manger. Le ventre est la première victime et il transmet son malaise au cerveau supérieur. Le moral s'effondre, le sommeil est perturbé, de même que la sexualité (difficultés d'érection chez l'homme, frigidité chez la femme). Les tendances allergiques augmentent. On assiste à une prise de poids ou à un amaigrissement. L'anxiété s'accroît et peut se transformer en angoisse et en dépression.

Soigner son ventre, c'est rassembler son énergie, recouvrer l'harmonie avec le cerveau supérieur, chasser anxiété et angoisse, et retrouver sa bonne humeur, son désir d'entreprendre, sa joie de vivre.

Respiration

Générateur d'anxiété, d'angoisse, voire de dépression, tout stress violent peut être neutralisé par une inspiration-expiration abdominale profonde.

Dès l'apparition du stress, quel qu'il soit, pratiquez ma respiration-détente cinq fois de suite, puis recommencez plus profondément, plus doucement. Avec chaque expiration abdominale, vous sentirez que vous éliminez vos facteurs d'anxiété. C'est ce que j'appelle le « filtre antistress ». À pratiquer plusieurs fois dans la journée. On sait qu'un stress peut aussi induire de violentes douleurs du ventre, allant jusqu'à la diarrhée, ma respiration empêchera ces dysfonctions et apportera une détente au niveau du premier cerveau. La respiration abdominale a aussi la vertu d'éloigner une anxiété chronique qui se transforme parfois en état dépressif.

Alimentation

On connaît désormais le pouvoir de l'alimentation sur les états anxieux : une étude américaine réalisée sur mille détenus dans plusieurs pénitenciers a prouvé qu'en diminuant les sucres rapides, les aliments acides, les viandes rouges, on calmait les humeurs agressives, anxieuses ou angoissées.

Mes conseils sont les suivants :

• Prenez chaque matin mon petit déjeuner antiacidité (voir p. 102), surtout, mangez lentement (plus on mange précipitamment, plus on augmente l'anxiété).

• Évitez tout régime, car le ventre, pas plus que le système nerveux central, ne supporte aucune carence vitaminique.

• Ne sautez pas de repas. Au contraire, pour vous calmer, n'hésitez pas à prendre une petite collation, une le matin, une l'après-midi ; et toujours dans le calme.

Gymnastique des deux cerveaux

Basée sur l'harmonie entre le ventre et le cerveau, ma gymnastique est d'un grand secours en cas de nervosité, d'anxiété et d'angoisse, car elle rassemble les éléments indispensables pour le contrôle des émotions : elle est commandée par la tête, contrôlée par la respiration, activée par le ventre. Ces trois éléments aboutissent en quelques séances à rétablir équilibre et paix intérieure. Toute « surstimulation » provoquée par une gymnastique trop violente, trop rapide, dans une ambiance survoltée, peut donner dans un premier temps une impression de défoulement physique (transpiration) et psychologique, alors qu'elle ne fait que fatiguer le ventre et le cerveau. Vous êtes, alors, comme une machine qui s'emballe, qui s'épuise et qui se brise.

Pratiquez ma gymnastique des deux cerveaux deux fois par jour au minimum (voir p. 121).

Sport-plaisir

Je crois dans les vertus du sport-plaisir pour éliminer toutes les formes d'anxiété et d'angoisse. Pratiquez le sport que vous avez choisi au moins quarante-cinq minutes, trois fois par semaine. Il vous permet de sortir de vous-même, de mettre tous vos sens en éveil, de penser positivement, de rêver et d'apprécier l'environnement ; le premier cerveau, apaisé, va se mettre en harmonie avec votre ventre, source d'énergie et d'optimisme.

Automassages

En traitant votre ventre par massage ou automassage, vous apaisez immédiatement les deux cerveaux et vous éloignez anxiété ou angoisse. Le pouvoir de la main est la meilleure des médecines naturelles pour retrouver son calme et sa sérénité. Les automassages sont des manœuvres profondes de pétrissage-malaxage sur tous les plexus du ventre. On peut entrecouper les automassages du ventre d'automassages de la tête (voir p. 136). Toutes les manœuvres devront être soutenues et synchronisées avec la respiration abdominale.

Méditation abdominale

En plaçant vos mains sur le ventre pour votre séance quotidienne de méditation abdominale (voir p. 147), vous sentez vivre le centre de votre énergie. Cette énergie, vous la dirigez en respirant calmement et profondément, par la pensée, vers le premier cerveau. Vous imaginez qu'elle se répand dans un flux de vagues apaisantes dans tout l'organisme, d'abord vers la tête, puis vers le dos, la poitrine, les bras et les jambes. Et vous dirigez vos pensées, de nouveau, vers votre ventre.

ASTHME, RHINITE ET AFFECTIONS ORL

La fonction respiratoire est suspendue à notre alimentation, donc à notre ventre. Le dernier Congrès mondial de pneumologie a mis en évidence les risques et les bienfaits, sur les poumons et les bronches, de certains comportements alimentaires et de certains aliments. L'asthme et les rhinites allergiques, les affections ORL (bronchite, angine, toux), quelle que soit leur origine (polluants chimiques de la vie moderne, chauffage, climatisation, polluants biologiques, moisissures, acariens, pollens, poils d'animaux), sont sensibles à l'alimentation et à la détente du système nerveux central (premier cerveau). Un stress chronique, on le sait, peut déclencher ou augmenter des crises d'asthme, de même qu'un excès d'alcool ou de tabac, surtout chez la femme dont la capacité respiratoire est inférieure à celle de l'homme.

En éliminant des indigestions chroniques, en renforçant la flore intestinale, j'ai souvent amélioré et supprimé des rhinites, des sinusites, des maux de gorge et d'oreilles, des crises d'asthme. Et j'ai maintenu cette amélioration en faisant pratiquer à mes patients les sept bases de ma méthode. Chez de jeunes enfants (l'asthme est la maladie chronique la plus répandue), j'ai observé l'apparition de troubles ORL divers après des goûters trop sucrés (boissons, pâtisseries, confiseries). En remplaçant les sucreries par des sandwiches au pain complet, des fruits frais, j'ai fait disparaître les rhumes et autres troubles ORL, et amélioré les problèmes d'asthme et donc limité les médicaments.

Alimentation

Presque tous les régimes peuvent être à l'origine d'insuffisance respiratoire à travers la dénutrition et la perte de poids accompagnées de carences qu'ils entraînent. Dans cette hypothèse, en reprenant du poids, on obtient une amélioration de la musculature respiratoire.

Par contre, chez les obèses, on observe une tendance à l'asthme.

Il est important pour améliorer la fonction respiratoire de :

• Manger régulièrement, lentement, et dans le calme. Les adolescents qui mangent des sucreries en se cachant, ou qui sautent des repas, ont beaucoup plus de chance d'être victimes de troubles respiratoires.

• Éviter certains aliments qui accroissent les risques : les poissons conservés dans l'huile, le soja, le chocolat au lait, les produits laitiers, les œufs, les fruits de mer, le fromage fondu, les beurres cuits, les arachides, la farine blanche, les fruits secs.

• Privilégier certains aliments qui vous protègent : les légumes verts, les fruits (vitamines C, E et bêta-carotène).

Une étude britannique souligne l'effet bénéfique de la consommation des pommes : cinq pommes par semaine accroissent de 140 ml le volume expiratoire.

Respiration abdominale

En favorisant l'amplitude de la cage thoracique, en provoquant une inspiration-expiration plus profonde, on diminue les risques de trouble de la fonction respiratoire et on s'offre une meilleure défense contre les allergènes. On vascularise les muqueuses du nez et on filtre les impuretés. En particulier chez les femmes, plus sujettes que les hommes à l'asthme après la ménopause.

En calmant le système nerveux, la respiration abdominale combat l'anxiété, la nervosité, la timidité, l'hypersensibilité source, parmi d'autres, des troubles de la respiration. Si possible, pratiquez-la cinq fois toutes les heures (voir p. 38).

Sport-plaisir

Le sport-plaisir est un allié exceptionnel dans la lutte contre l'asthme et les autres troubles de la fonction respiratoire : il renforce le système cardio-vasculaire, stimulant et fortifiant glandes et organes, expulsant les toxines, améliorant les défenses immunitaires. En revanche, un sport pratiqué en force, ou un surentraînement, peut révéler une déficience respiratoire, un asthme dit d'effort, si on supprime les séances d'échauffement et de récupération. Dans cette hypothèse, il faut ralentir la cadence sans se priver de son sport-plaisir. En cas de trouble respiratoire, privilégiez natation, marche et randonnée.

Gymnastique des deux cerveaux

En renforçant les abdominaux, elle chasse l'excès d'acidité du ventre, élimine l'indigestion chronique, source importante des allergies respiratoires. Un ventre flasque, gonflé, spasmé, est une réserve d'allergies respiratoires.

Automassages

En massant ventre et poitrine, on détend le premier cerveau, stimulant méridiens et plexus, procurant un supplément d'énergie très utile pour combattre et éliminer les affections respiratoires.

Méditation abdominale

En cas de crise d'asthme, elle atténue l'essoufflement et la fatigue qui en résulte (voir p. 147).

CANCER

Le ventre produit entre 70 et 80 % de nos cellules immunitaires, et l'on sait que la baisse du taux d'immunité est, parmi d'autres facteurs, à l'origine des tumeurs cancéreuses.

Je n'insisterai donc jamais assez sur l'importance du ventre en matière de cancer, sur son apparition, son traitement et sa guérison éventuelle (aujourd'hui, on guérit définitivement plus de 50 % des cancers, toutes catégories confondues).

Combien de fois en remettant en bon état un ventre douloureux, spasmé, gonflé, malade, ai-je aidé un patient atteint de cancer à mieux supporter son traitement (chirurgie, chimiothérapie, radiothérapie), à retrouver le moral, à reprendre une vie normale et finalement à triompher de sa maladie ?

Je pense que, si, à l'avenir, on associait plus étroitement médecine, hygiène de vie et traitement du ventre, on obtiendrait encore de meilleurs résultats dans la victoire sur les cancers.

Alimentation

Il existe des milliers d'ouvrages et de travaux scientifiques sur le rôle du ventre et de l'alimentation dans l'apparition ou le traitement du cancer. On admet que 30 % des cancers des pays développés sont liés à des facteurs nutritionnels (étude européenne EPIC de 2001 sur cinq cent mille sujets dans dix pays dirigée par le docteur Riboli).

Je suis persuadé qu'une alimentation variée, riche en fruits et légumes (antioxydants) telle qu'elle est présentée p. 76, éloigne le risque de cancer.

Évitez en particulier :

• Les aliments porteurs de radicaux libres qui oxydent l'organisme : viandes, poissons, saucisses, pommes de terre cuites à l'horizontale (au barbecue) dont on mange les parties calcinées.

Le professeur Henri Joyeux, cancérologue à Montpellier, écrit : « Une viande grillée au barbecue a le même effet cancérigène que mille cigarettes. »

• Les huiles réutilisées, les beurres cuits, les fruits trop mûrs pouvant présenter des moisissures ou des traces de pesticide.

• Les aliments à base de farine blanche : pain de mie, pizzas, pâtisseries industrielles, certaines céréales de petit déjeuner.

• Les excès de produits laitiers, sauf le fromage de chèvre : trop de calcium détruit la vitamine D.

• Tous les compléments alimentaires dont l'action, d'abord bénéfique, peut s'inverser.

En revanche, votre ventre en bonne santé vous aidera à écarter les cancers si vous privilégiez dans votre alimentation :

• Soja, brocolis, oignons, endives, céleri, riz, sésame, pois chiches, fèves, chocolat noir, etc. (voir tableaux des antioxydants p. 98, 99, 100).

Respiration

Ma respiration abdominale (voir p. 38), dans la mesure où elle accélère la circulation sanguine, augmente au niveau du ventre la production de cellules immunitaires et crée, en union avec le premier cerveau, une détente psychique. Elle a une incidence évidente sur la prévention du cancer et sans doute sur son traitement. Cette respiration, qui contribue à l'élimination plus rapide des toxines, freine peut-être la cancérisation mais, malheureusement, je ne puis démontrer ce que je ressens.

Automassages

Vous pouvez vous-même, dans une certaine mesure, par des manœuvres douces de malaxage-pétrissage (voir p. 136) assouplir et déspasmer votre ventre, et rendre une meilleure santé à tout l'appareil neurovégétatif.

Sport-plaisir

La pratique d'un sport-plaisir (voir p. 108) peut aider le malade à surmonter la dépression liée à la maladie et à lutter contre l'affaiblissement des systèmes neurovégétatif et neuromusculaire. Le cancer s'accompagnant toujours d'une fatigue générale, il importe de pratiquer le sport-plaisir choisi avec modération. Il constitue une aide précieuse dans la mesure où il stimule les défenses immunitaires.

Méditation abdominale

Telle qu'elle est décrite (p. 147), la méditation abdominale peut jouer un rôle dans l'ensemble des facteurs psychiques qui, je le pense, déterminent l'apparition et la guérison des cellules cancéreuses. Tous les spécialistes reconnaissent l'importance du facteur psychique. On voit des cancers régresser, voire guérir spontanément, après une forte émotion, une modification du « climat mental ». En se concentrant au niveau du ventre, je suis persuadé qu'on peut rendre un traitement plus efficace, aider à une guérison.

CELLULITE

La cellulite naît dans le ventre et nulle part ailleurs. Le seul moyen de la faire disparaître, ou de diminuer le volume des amas graisseux qui infiltrent le tissu conjonctif, c'est de rendre la santé au ventre et, en même temps, de détendre le premier cerveau.

La cellulite chez les femmes se localise principalement autour de la taille, des fesses, sur la face externe des cuisses (culotte de cheval) ou sur la face interne et sur les bras. Chez les hommes, elle se concentre au niveau du ventre, du cou et de la nuque. Elle n'est pas liée obligatoirement au poids : on peut être maigre et avoir de la cellulite.

La cellulite est toujours la conséquence d'un dérèglement du système neurovégétatif qui perturbe l'assimilation-élimination et déclenche un excès de fermentation constant. Cette fermentation, en retenant les toxines, est responsable d'une intoxication chronique. Lorsque le sang pompe dans les intestins les éléments nobles de l'alimentation, il se charge en même temps des toxines, qu'il va déposer dans les endroits les plus fragiles, les moins vascularisés du corps : la cellulite s'incruste ! Elle s'accompagne presque toujours d'un dérèglement du premier cerveau (anxiété, nervosité, irritabilité).

Tous les traitements de la cellulite (multipiqûres, infiltrations, liposuccion, drainage lymphatique, laser, crèmes amincissantes, etc.) sont le plus souvent inefficaces, parfois dangereux. C'est aussi mon sentiment sur les régimes miracle anticellulite.

Alimentation

Comme on le sait, l'alimentation joue un rôle primordial dans la santé du ventre, donc dans le combat contre la cellulite.

Mangez lentement, dans le calme. Surtout, ne sautez pas de repas, évitez tout grignotage qui dérègle les voies hépato-biliaires et bilio-pancréatiques. Aucun régime ne tient sur une longue distance.

Mon premier but est de calmer le premier cerveau en rassurant mes patientes. J'ai obtenu des résultats spectaculaires sans rien changer à leur alimentation, simplement en diminuant les rations des aliments et des boissons qui ont mauvaise réputation et en modifiant l'ordre sur la table ou dans la journée. Ainsi, on évite la frustration au niveau du premier cerveau, dangereuse pour la santé du ventre. Mon expérience dans ce domaine distingue trois catégories de « mangeuses » envahies ou menacées par la cellulite.

• Les « accros » au sucre et aux pâtisseries. Ne les supprimez pas, mais diminuez la consommation de moitié.

• Les inconditionnelles de la gastronomie. Ne changez rien, mais restez sur votre faim. (Vous y arriverez grâce à ma respiration abdominale.)

• Celles (ou ceux) qui ne peuvent se passer de café, thé, alcool, tabac. Apprenez à goûter, à savourer, à apprécier, en diminuant progressivement les doses. Ce qui implique une détente du cerveau supérieur. Exemple : ne prenez du café qu'après du solide, un seul verre de bon vin, une seule pâtisserie au chocolat noir plutôt qu'un gâteau à la crème.

Respiration abdominale

En détendant le premier cerveau, elle permet de prendre du recul, de mieux choisir ses aliments, de manger régulièrement et doucement, d'éviter le grignotage. Elle vous apporte une énergie mentale qui permet de diminuer les quantités ingérées sans éprouver de fermentation et, à long terme, d'éliminer la cellulite (voir p. 38).

Sport-plaisir

Il apaise le premier cerveau, stimule et fortifie tous les systèmes, surtout les systèmes cardio-vasculaire, neurovégétatif et lymphatique. La circulation sanguine ainsi accélérée joue son rôle d'élimination des toxines. On ne peut vaincre définitivement la cellulite sans pratiquer deux ou trois fois par semaine, pendant quarante-cinq minutes minimum, un sport d'endurance (voir p. 108).

Gymnastique des deux cerveaux

Elle a pour vocation de modeler toutes les parties du corps et, en particulier, le ventre qui se muscle et retrouve la santé. Aucune cellulite ne résiste à cette gymnastique pratiquée chaque jour (voir p. 121).

Automassages

Ils vous permettent de sentir les dépôts les plus importants sur le ventre. En les automassant, vous allez non seulement les éliminer, mais vous constaterez que, lorsque ces infiltrations du ventre auront disparu, les autres, sur les cuisses, les fesses, les bras, disparaîtront dans le même élan (voir p. 136).

Méditation abdominale

La détente est primordiale dans la lutte contre la cellulite comme dans la prise de poids. La méditation abdominale vous rapproche de cette détente liée à l'harmonie des deux cerveaux, et sans laquelle aucune victoire n'est possible contre la cellulite (voir p. 147).

COLITE OU COLOPATHIE

C'est une inflammation de la muqueuse intestinale très répandue. Elle est aggravée par le stress, la nervosité, l'anxiété, l'émotivité, l'hypersensibilité. Elle est souvent liée à des erreurs ou à des abus alimentaires.

La colite, par la diminution de l'étanchéité de la muqueuse intestinale, laisse la porte ouverte à des agents infectieux (troubles fonctionnels et maladies). On distingue deux formes de colite : une colite douloureuse avec spasmes, ballonnements, fatigue, et souvent constipation ; et une colite non douloureuse, plus insidieuse, car elle ne donne pas de signal d'alarme parfois seulement un état de fatigue, de nervosité, d'irritabilité. J'ai rarement rencontré un colitique bien dans sa tête et bien dans son corps. Dans les deux cas, la colite est une source permanente de dysharmonie entre les deux cerveaux.

La colite diminue les défenses immunitaires. Elle entraîne une fermentation intestinale permanente et ralentit l'assimilation et l'élimination, provoquant à la longue une indigestion chronique. Les intestins sont un chemin sinueux avec parfois des virages en épingle à cheveux. Si une fermentation se loge dans un coude ou virage, elle y reste plus longtemps que la normale et déclenche une irritation de la muqueuse qui intoxique les autres parties des intestins. En forçant sur un mouvement de gymnastique dans un sport ou dans un effort violent, ou sous le coup d'une forte émotion ou d'une contrariété, le coude peut se rétrécir, ralentir et perturber toute la digestion par excès de fermentation.

C'est à cette occasion que la digestion, au lieu de trois heures, peut durer le double, d'où fatigue, problèmes de constipation et infiltration cellulitique.

Lorsque le sang, au niveau de la muqueuse intestinale, s'accapare les propriétés nobles de l'alimentation : vitamines, sels minéraux, oligoéléments, il absorbe aussi les agents infectieux, empoisonnant ainsi glandes ou organes (foie, reins, surrénales). Si vous êtes prédisposé aux rhumatismes, vous constaterez une augmentation de l'inflammation des articulations.

Les intestins sont le centre du second cerveau. De leur bon fonctionnement dépend la santé de tout l'être humain.

Je suis presque sûr que la plupart des maladies prennent feu dans les intestins. Avec ma méthode, j'ai eu des résultats spectaculaires sur de nombreux troubles fonctionnels et, avec l'aide de la médecine, sur des maladies.

Guérir une colite est très facile, encore faut-il accepter de changer quelques habitudes alimentaires, de modifier son rythme de vie, d'apprendre à se détendre pour harmoniser les deux cerveaux.

Respiration

La respiration a un effet direct sur la guérison des colopathies, car, en détendant le premier cerveau, elle soulage le second.

Avant de passer à table, pratiquez ma méthode de respiration-détente (voir p. 38), et chaque fois que vous êtes énervé, contrarié.

Gymnastique des deux cerveaux

Je déconseille formellement les abdominaux en force sur un ventre qui souffre d'une colite ou colopathie. Les intestins étant enflammés, le mouvement des abdominaux crée une irritation supplémentaire, entretient la colite, peut l'aggraver et même donner naissance à une hernie hiatale ou inguinale (de l'aine).

Parmi les exercices lents et doux de ma « gymnastique des deux cerveaux », sélectionnez tous les mouvements dans lesquels vous sollicitez votre ventre. Dès que la colopathie aura disparu, augmentez à votre convenance les mouvements d'abdominaux (voir p. 121) pour retrouver calme, énergie et un ventre plat.

Alimentation

• Évitez les repas trop copieux pris trop rapidement, car l'insuffisance de mastication est la grande responsable des terrains colitiques.

• Ne sautez pas le petit déjeuner et choisissez-le léger (p. 104). L'estomac déclenche à des heures régulières (trois fois si vous mangez trois repas par jour) des sucs digestifs extrêmement puissants et, si ces sucs ne trouvent rien à traiter, ils attaquent la paroi de l'estomac, dérèglent les voies hépato-biliaires, bilio-pancréatiques, et le pylore. Au niveau des intestins se produit une fermentation anormale qui peut devenir à la longue une colite.

• Évitez les excitants à jeun : thé, café, café au lait, abricots secs, pruneaux ; les boissons irritantes : bière, cidre, boissons sucrées, jus de fruits ; les aliments irritants : fritures, piment, harissa, plats épicés ; les aliments qui font gonfler : potages, plats en sauce, viennoiseries ; l'excès de crudités, le beurre cuit, le pain blanc, le pain de mie, les biscuits, le fromage fondu.

• Buvez à petites gorgées deux litres par jour d'eau minérale et des infusions de verveine, romarin, etc.

• Évitez de passer à table sous le coup d'une émotion ou d'une contrariété.

Sport-plaisir

• Pratiquez une activité sportive douce et régulière. Les sports en force accentuent la fermentation intestinale, créant des spasmes.

• Marchez à grandes enjambées, nagez... en vous préservant des coups de froid sur le ventre. Les sports d'endurance doux et réguliers combattent et éliminent l'excès de fermentation, donc guérissent les colopathies.

Automassages

En dehors de la digestion, massez votre ventre (voir p. 137). Traitez le point réflexe de l'intestin grêle en-dessous du nombril et les zones des côlons (ascendant et descendant). Deux fois par jour (voir p. 143).

Méditation abdominale

Elle permet de sentir les douleurs, les spasmes inhérents à votre colopathie : il peut s'agir de traumatismes de l'enfance, de chocs non évacués. Au bout de quelque temps, vous sentirez votre ventre revivre (voir p. 147).

CONSTIPATION

Les causes de la constipation sont nombreuses. Certaines sont purement physiques — parois de l'intestin attaquées par l'acidité due à un excès de fermentation ou à une déshydratation des selles, en particulier par manque de fibres, etc. D'autres causes naissent dans le premier cerveau et sont reliées à des traumatismes et des peurs de l'enfance (étouffement de la personnalité, conflits avec les parents, etc.) et aux pressions de la vie quotidienne. La sédentarité, la mauvaise gestion du temps dès le matin, une mauvaise alimentation, irrégulière, les régimes sont parmi les causes les plus fréquentes de la constipation et de son corollaire fréquent : les hémorroïdes. En appliquant mes conseils, on est assuré de régler ces problèmes. En trente-cinq ans de pratique, je n'ai jamais eu d'échec.

Respiration abdominale

Régler le problème de la constipation, c'est aussi apprendre à se détendre. Ma respiration abdominale remplit pleinement cette fonction (voir p. 38). Pratiquez-la régulièrement surtout si vous êtes nerveux ou stressé ; elle a la particularité d'harmoniser vos deux cerveaux.

Gymnastique des deux cerveaux

L'état de constipation entraîne toujours un ventre gonflé, ballonné. En retrouvant la santé du ventre, avec un ventre plat, on guérit la constipation.

• Faites les exercices abdominaux trois à quatre minutes, matin et soir, en dehors de la digestion (voir p. 121), surtout jamais en force.

Alimentation

• Pas de petit déjeuner au lit. Bougez dès le réveil pour stimuler les voies hépato-biliaires.

• Adoptez le petit déjeuner léger (voir p. 104). Il est très important de manger lentement, dans le calme, et sans télévision (conseil à appliquer pour tous les repas). Ensuite buvez doucement mon mélange de jus de fruits pressés : 1/3 orange, 1/3 pamplemousse, 1/3 citron. (Dès que la constipation a disparu, préférez un fruit de saison entier, plus digeste que le jus.)

Au milieu du petit déjeuner, avalez une cuillerée à café d'huile d'olive.

Un café ou un thé après un repas aide à digérer et

favorise l'élimination, alors qu'un grand bol de café noir ou plusieurs tasses de thé à jeun auront l'effet contraire.

• Vous devez boire un minimum un litre et demi de liquide par jour : eaux minérales, bouillon de légumes, tisanes calmantes…

• Attention aux tisanes et cachets laxatifs qui irritent la muqueuse, entretiennent et renforcent la paresse intestinale et, à la longue, entraînent la perte d'oligoéléments et de sels minéraux.

• Les suppositoires laxatifs lubrifient artificiellement et, par la suite, assèchent la muqueuse intestinale, anéantissant tout effort naturel d'élimination.

• Évitez les excès : sucreries, miel, confiture, viennoiseries, farine blanche (mie de pain blanc, pain de mie, biscuits secs, quiche, pizza), les fritures, le beurre cuit, les charcuteries, le fromage fondu.

• Mangez régulièrement et sans excès des légumes verts cuits ou crus riches en fibres (voir p. 88)

• Attention, trop de crudités ou de légumes font gonfler anormalement les intestins par l'excès de fibres qui irritent la muqueuse et déclenchent une fermentation qui peut entraîner un état de constipation et éventuellement des hémorroïdes.

• Évitez les aliments « diététiques » riches en fibres (pain de son, barres de céréales, comprimés…). Loin d'obtenir l'effet escompté, ils provoquent des ballonnements…

• Dînez légèrement pour éviter toute surcharge hépatique.

Sport-plaisir

• Pratiquez tous les jours une marche rapide à grandes enjambées, durant une heure ou bien deux fois une demi-heure, ou un sport d'endurance de votre choix (voir p. 112). Vous devez bouger, la sédentarité est nuisible à une bonne élimination, elle entretient la « paresse » des intestins.

Automassages

• Après le petit déjeuner léger, brossez-vous les dents, et massez-vous les gencives (deux minutes). Ainsi, vous détendrez votre système nerveux central (premier cerveau) qui agira sur le bien-être de votre ventre (second cerveau), libérant le transit.

• Puis allez aux toilettes, même si vous n'en avez pas envie. Si vous ne prenez pas, le matin, le temps nécessaire pour libérer votre intestin, vous souffrirez toujours de constipation.

• Pratiquez les automassages doux et profonds sur l'abdomen dans le sens des aiguilles d'une montre, supprimez par malaxage et pétrissage les amas cellulitiques sur le ventre. À faire deux à trois minutes avant le petit déjeuner et avant le dîner (voir p. 136).

DÉPRESSION

Vous pensez que votre dépression, c'est d'abord dans la tête ? Vous avez raison. Mais votre dépression vient aussi du ventre, votre second cerveau. Il est prouvé scientifiquement que par l'intermédiaire du nerf vague, par le biais des neurotransmetteurs et des cellules interstitielles, les deux cerveaux agissent toujours en symbiose, et en particulier quand s'installent au fond de vous-même ces états douloureux, marqués par le dégoût de tout, l'envie de ne rien faire, le manque de concentration, l'anxiété, la mélancolie, entrecoupés parfois de crises d'agressivité. Les adolescents sont particulièrement vulnérables sur ce plan — certains signes de comportement alimentaire doivent alerter les parents : anorexie, boulimie…

Le ventre est aussi le siège des émotions. Sa bonne santé est liée à notre affectif et, si notre premier cerveau vit mal, le ventre se manifeste douloureusement ; inversement, si le ventre est douloureux, spasmé, en mauvaise santé, le premier cerveau est immédiatement atteint. Une grave contrariété, une déception, une forte émotion, noue le ventre. Une digestion pénible, douloureuse, affecte le premier cerveau. Entre les deux cerveaux, quand le mental est atteint, c'est plus qu'une symbiose : une totale unité d'action.

La dépression s'accompagnera très souvent de troubles sexuels, douleurs à la poitrine, maux de tête, problèmes de poids, maux de dos, anorexie, fatigue générale. Des pensées négatives pèsent sur le fonctionnement du ventre. Chez le déprimé, le corps n'existe plus. La coupure entre les deux cerveaux peut être totale. Le ventre est livré à lui-même et tombe malade. Dans cette hypothèse, il importe avant tout de lui rendre la santé et, pour guérir la dépression, de rétablir absolument et durablement la communication entre les deux cerveaux. Je pense qu'on est au bord d'une nouvelle psychothérapie qui prendrait en compte, ensemble, la tête et le ventre et dont le premier effet serait de limiter la prise d'antidépresseurs et d'éviter les rechutes. On sait que les Français sont les plus gros consommateurs d'antidépresseurs au monde. La solution à ce grave problème est peut-être plus simple qu'on ne le pense.

Alimentation

On sait que les nutriments modifient la neurochimie cérébrale et psychique par des mécanismes très compliqués dont on n'a pas encore exploré toute la complexité.

Plus que jamais, la santé du ventre peut nous aider à retrouver le moral à condition de manger varié, ni trop gras ni trop sucré.

Les neuromédiateurs, sérotonine et noradrénaline, jouent un rôle dans le contrôle des prises alimentaires. L'état dépressif stimule les uns en induisant des comportements alimentaires anarchiques ou, chez d'autres, réduit l'appétit (jusqu'à parfois l'anorexie).

• Certains aliments ont un effet antidépresseur naturel. Ils contiennent des acides aminés précurseurs des neurotransmetteurs, et après un bon repas on se sent mieux, apaisé…

• Les glucides jouent un rôle contre la dépression : ils apaisent et donnent une sensation de plaisir… Mais attention aux sucres, pâtisseries, viennoiseries, qu'il faut éliminer… car ils font grossir. Mangez des pâtes, du riz, des féculents, des légumes secs.

• Les protéines agissent sur l'humeur à travers la production du cortisol des surrénales.

• Les lipides ont un impact sur le plaisir, mais une alimentation trop grasse entraîne un manque de concentration et une somnolence après les repas.

• Le magnésium des céréales complètes, des légumes verts ou légumes secs, des fruits secs, de certaines eaux minérales et du chocolat noir est bénéfique.

• Le sélénium est un oligoélément indispensable : œufs, fruits de mer, noix, produits laitiers, viandes blanches et volailles.

• Le calcium est un tranquillisant naturel, il améliore l'humeur : lait, fromage, beurre frais… œufs, herbes aromatiques, légumes frais ou secs, algues, poissons, crustacés, certaines eaux minérales, etc.

• La vitamine B6 est aussi un allié précieux dans la

lutte contre la dépression : céréales complètes, banane, poisson, légumes verts, viandes maigres…

Sport-plaisir

L'exercice physique a un effet antidépresseur en augmentant la production de la phényléthylamine (une équipe de chercheurs britanniques conforte cette hypothèse dans le *British Journal of Sports Medicine*). Ce neurotransmetteur agit sur la régulation de l'énergie physique, de l'humeur, de la capacité d'attention. Il joue un rôle dans l'euphorie des sportifs (endorphines du bien-être).

Vous pouvez retrouver les effets positifs des endorphines en pratiquant toutes les heures la respiration abdominale (p. 38). Et en courant chaque jour trente minutes à votre rythme, à condition que cela vous fasse plaisir, ou bien en marchant rapidement une heure ou en nageant, etc. (voir p. 108).

Les premiers jours d'activité physique vont vous paraître des montagnes inaccessibles. Un parent, un ami, un enfant, peut vous aider. Après quelques jours d'entraînement, les endorphines agissant, vous éprouverez un mieux-être et vous aurez envie de continuer par tous les temps. C'est le premier pas qui compte.

Automassages

Vous pouvez lutter contre la dépression avec vos propres mains en pratiquant de légers massages sur le ventre et sur la tête (voir p. 136). La main rétablira le contact perdu entre le ventre et la tête. Le bien-être qui en résultera vous aidera à retrouver la détente qui conduit à la paix intérieure, le contraire de la dépression.

Méditation abdominale

En dirigeant votre pensée vers le ventre, vous vous arracherez au cercle vicieux des pensées négatives. En pratiquant cette méditation abdominale une dizaine de minutes, entre quatre et cinq fois par jour, vous observerez au bout de quelques semaines une disparition de vos tendances dépressives (voir p. 147).

DIABÈTE TYPE 2

Pour moi, la progression vertigineuse du nombre des diabétiques, véritable épidémie (leur nombre a doublé en Europe ces dix dernières années), est liée surtout à la mauvaise santé du ventre mal alimenté. Deux millions d'adultes sont soignés en France pour cette maladie.

Plus grave, beaucoup de femmes, d'hommes et d'enfants sont diabétiques sans le savoir (on estime leur nombre à huit cent mille), car ils n'éprouvent aucun symptôme, hormis un surpoids, une légère fatigue ou une envie d'uriner un peu trop souvent. Vers la cinquantaine, la femme pense à la ménopause, l'homme à sa prostate… Et la maladie n'est alors diagnostiquée qu'au moment des complications souvent très graves et irréversibles : insuffisance rénale, cécité, artérite des membres inférieurs, accident cardio-vasculaire.

Si vous avez dans votre famille plusieurs cas de diabète, une prise de sang pour un contrôle de la glycémie à jeun, un autre de votre tension artérielle et de votre taux de cholestérol s'imposent.

Le diabète de type 2 (ou gras) se caractérise par un

taux de sucre dans le sang supérieur à 1,26 g par litre. Les personnes atteintes ont des récepteurs insuliniques devenus insensibles en raison de leur surpoids, de leur sédentarité, qui obligent le pancréas à fabriquer plus d'insuline pour métaboliser correctement le sucre. Chez la femme, un tour de taille dépassant 90 centimètres 1 mètre chez l'homme est un indicateur de risque diabétique multiplié par 10. Une perte de poids de 4 à 5 kilos entraînant une diminution de la graisse intra-abdominale suffit souvent à obtenir une amélioration de la sensibilité à l'insuline, et un meilleur taux de glycémie. En traitant le ventre, on améliore et on guérit un diabète type 2 dans 90 % des cas ! Si, au bout de trois mois de pratique de ma méthode (conseils alimentaires, exercices physiques, automassages et hygiène de vie), la glycémie ne s'est pas normalisée, un traitement médical devra y être associé.

Respiration et méditation abdominale

• Adoptez la respiration abdominale toutes les heures (voir p. 38) et faites des séances de méditation abdominale deux fois par jour (voir p. 147).

Gymnastique des deux cerveaux

Dans la perspective d'éliminer la masse graisseuse autour de la taille, il est très important de pratiquer les exercices concernant le ventre de ma gymnastique des deux cerveaux (voir p. 121). Elle a aussi le mérite de stimuler et de renforcer les voies hépato-biliaires et bilio-pancréatiques ; le pancréas acquerra une meilleure autodéfense.

À faire deux fois par jour en dehors des repas.

Alimentation

• Perdre du poids est une priorité : 4 à 5 kilos peuvent suffire, ou 5 à 15 % du poids initial de la personne diabétique si elle est très forte. Pour maigrir, une priorité absolue : supprimer tout régime, en particulier les régimes à très basses calories provoquant fatigue, hyper- et hypoglycémie.

• Mangez à des heures régulières. La glycémie est réglée par l'horloge biologique, elle se produit aux heures normales des repas : petit déjeuner léger, déjeuner, goûter et dîner. Si l'on mange à toute heure, on dérègle son métabolisme avec coups de pompe, fatigue…

• Évitez le grignotage. Les adolescentes diabétiques présentent des troubles du comportement alimentaire deux fois et demie supérieurs à ceux des adolescentes non diabétiques (étude canadienne, *British Medical Journal*). L'adolescence chez les filles est une période fragile… tentation des régimes, boulimie, grignotage, anorexie.

• Corrigez les erreurs alimentaires qui font grossir. Évitez de manger trop et trop riche :

— Les aliments sucrés : viennoiseries, pâtisseries,

biscuits, pain blanc, pain de mie, pizza, barres chocolatées, miel, confiture..., vous entraînent irrémédiablement dans la spirale du sucre.

— Les boissons sucrées ou les sodas, sirops...

— Les aliments gras : hamburger, hot-dog, charcuteries, lard, beurre cuit, fromages fermentés ou fondus...

Une étude a démontré que les diabétiques mangent plus gras (graisses saturées) que les non-diabétiques.

— Évitez un ajout de fibres alimentaires sous toutes les formes : comprimés, gélules... et même des compléments alimentaires (céréales, biscuits, pain de son...) qui irritent à la longue la muqueuse intestinale.

• À jeun, évitez le miel, la confiture, les fruits, les jus de fruits, le thé, le café... Ils provoquent une hyperglycémie.

• L'alcool est un stimulant de l'appétit. En cas de surpoids, il constitue encore un apport énergétique. D'autre part, l'effet hyperglycémiant de la boisson alcoolisée dépend de sa teneur en sucre. Évitez les apéritifs et les digestifs.

• Trois à quatre verres de vin suffisent à provoquer hypo- et hyperglycémies.

• Ne buvez jamais d'alcool à jeun.

• Buvez modérément : deux verres de vin par jour, au milieu ou à la fin du repas, sembleraient avoir un effet protecteur, d'après une étude américaine.

• Le tabac, même en consommation modérée, augmente les besoins en insuline. Mon conseil est : arrêtez de fumer !

• Recherchez une alimentation variée et saine. La qualité des produits doit être prise en compte.

• À l'encontre des idées reçues (dans la plupart des régimes), les glucides doivent constituer une part importante de l'alimentation : 50 % de la ration calorique quotidienne. Lorsque le sujet présente une obésité abdominale, la part de glucides est limitée à 40 %. Privilégiez les aliments amylacés : pain complet, céréales, pain de campagne, pâtes, riz, féculents… Mangez des fruits en quantité modérée : trop de fructose est déconseillé. Diminuez la consommation des produits laitiers.

Au milieu ou à la fin du repas, mangez des légumes verts cuits ou crus qui apportent vitamines… et la quantité nécessaire de fibres naturelles.

• Le choix des lipides est important. Optez pour les acides mono-insaturés (25 % des calories totales) : huile d'olive, arachide, colza…

Dans tous les cas, mangez lentement et dans le calme. Le pancréas, créateur et régulateur de l'insuline, est hypersensible aux émotions, aux stress, aux contrariétés et au bruit. Il existe des « diabètes émotionnels » qui n'ont pas d'autre cause : ils dépendent directement de l'interconnexion des deux cerveaux.

Sport-plaisir

Un sport-plaisir pratiqué au minimum trente minutes par jour est plus efficace pour faire chuter un taux de sucre trop élevé que le médicament auquel le diabétique type 2 est astreint.

• Choisissez un sport d'endurance qui vous fait plaisir (voir p. 112) et pratiquez-le régulièrement deux à trois fois par semaine à votre rythme, golf, ski de fond, roller…

La marche est excellente, marchez d'un pas soutenu tous les jours trente à soixante minutes.

N'hésitez pas à entraîner vos enfants, donnez l'exemple, soyez énergique, c'est dès le plus jeune âge qu'on prend de bonnes habitudes. Tout ce que vous ferez, ils le feront : si vous restez des heures devant la télé, jeux vidéo ou ordinateur, ils ne bougeront pas.

Si vous prenez l'ascenseur, ils ne monteront plus les étages à pied.

Si vous prenez votre voiture pour faire cinq cents mètres, ils ne marcheront pas…

Les jeunes ont besoin d'un bon exemple, et le meilleur, c'est la famille qui peut le donner.

Automassages

• Le traitement manuel du ventre par automassages est incontournable pour régulariser l'insuline et éliminer les amas cellulitiques situés sur le ventre et la taille.

Lorsque la fonction du pancréas est déficiente, on trouve toujours un point exquis douloureux sur son plexus. Il faut le traiter manuellement (pétrissage, malaxage, pincé-roulé), ainsi que les plexus de la vésicule et de l'intestin grêle, deux à trois minutes, en dehors de la digestion (voir p. 142 et 143). Les diabétiques sont souvent atteints de maladies des gencives ; on peut les éviter en pratiquant chaque matin un massage des gencives avec les doigts ; surveillez vos dents.

FATIGUE

La fatigue est un des fléaux de notre temps. Les femmes sont plus concernées que les hommes, plus sollicitées par les fonctions diverses (couple, enfant, vie professionnelle, responsabilités...), elles subissent aussi plus de variations hormonales et endocriniennes. Les statistiques démontrent que, paradoxalement les jeunes et les actifs sont plus souvent fatigués que les seniors.

Le premier facteur est psychologique : soucis professionnels ou personnels, stress, tensions. Quand la fatigue se manifeste au début de la semaine, le lundi, elle rejaillit sur l'humeur, le caractère : manque de motivation, morosité, insatisfaction... On n'a pas le moral. On peut friser la dépression.

La fatigue du vendredi est plus physique. Conséquences : problème de mémoire, d'attention, de concentration, et douleurs diverses — abdominales (ventre spasmé, gonflé), articulaires, mal de dos... La charge de travail de la semaine était trop importante, le rythme mal adapté, trop physique ou trop intellectuel, l'alimentation anarchique ; les temps de récupération étaient insuffisants...

Si la fatigue se manifeste en vacances, alarme. Elle annonce souvent une maladie chronique ou infectieuse. La fatigue peut être aussi le symptôme d'un diabète (voir p. 198) quand la glycémie (sucre dans le sang) est très élevée. Si le taux de mauvais cholestérol est élevé, elle évoque des problèmes cardio-vasculaires. Dans tous les cas, la fatigue vous indique de façon péremptoire que vos deux cerveaux sont en dysharmonie.

Alimentation

• Une journée antifatigue se prépare dès le matin. Pendant trois semaines, prenez mon petit déjeuner léger décrassage (voir p. 104), puis adoptez le petit déjeuner énergétique (voir p. 106). Mangez toujours assis et lentement.

• Ne démarrez pas votre journée précipitamment et le ventre vide, car vous déréglez votre horloge biologique et vous mettez votre système neurovégétatif en dysfonctionnement. La conséquence sera une alimentation anarchique et un comportement déséquilibré aux autres repas : boulimie, grignotage, repas sautés..., qui entraîneront coups de pompe et fatigue physique et psychologique.

• Respectez, toutes les heures, une pause récupération de trois à cinq minutes. Profitez-en pour pratiquer la respiration abdominale (voir p. 38), boire de l'eau... Le système nerveux central se relâche toutes les cinquante minutes, on perd de la concentration, de l'attention... et on a besoin d'une pause. Si votre activité physique ou intellectuelle est trop soutenue, prenez entre les repas une petite collation (fruit, yaourt, tranche de pain et chocolat noir).

• En cas de coup de pompe, surtout ne mangez pas de biscuits, croissant, miel, confiture, chips ; ne buvez pas de boissons excitantes, café, thé ou alcool, ou sucrées.

La spirale du sucre conduit toujours à un dérèglement du métabolisme, une grande fatigue physique et psychologique et la porte ouverte au diabète type 2.

• Mangez sainement de tout, recherchez des plats savoureux qui sentent bon et vous font plaisir. Préférez la cuisine légère à la vapeur, au four, avec beaucoup d'herbes aromatiques (elles sont antioxydantes), des légumes frais crus ou cuits, des fruits de saison qui aident à digérer et apportent un grand nombre de vitamines et d'oligoéléments.

• Si vous ne disposez pas de beaucoup de temps pour un repas, mangez le plat principal avec toujours une protéine, un glucide et un légume cru ou cuit ou bien un sandwich au pain complet avec protéine et crudité.

En rentrant chez vous, évitez le petit remontant (alcool, boisson sucrée) et l'amuse-gueule. Buvez un grand verre d'eau.

• Évitez le beurre cuit, les fritures, les plats en sauce, les charcuteries, la farine blanche (pizza, quiche...), les hamburgers, les viennoiseries, tous les excès alimentaires et ceux de boisson qui alourdissent la digestion, fatiguent le premier et le second cerveau.

Gymnastique des deux cerveaux

• Dans la journée, multipliez les occasions de marcher, de monter les escaliers à pied… à votre rythme. N'ayez pas peur de multiplier ces activités, cela peut paradoxalement vous apporter un bien-être presque immédiat.

• Choisissez bien vos activités (bricolage, jardinage, sport d'endurance, etc.). Faites une pause de quelques minutes toutes les vingt minutes.

Il ne faut en aucun cas forcer sur un organisme déjà fatigué, vous augmenteriez votre fatigue et toutes ses conséquences : crampes, douleurs articulaires, maux de dos, maux de ventre…

Ne vous comportez pas comme les amateurs qui forcent le week-end et sont perclus de douleurs et épuisés le lundi. Les coups de collier peuvent laisser des traces de fatigue pendant plusieurs semaines et fragilisent l'organisme, ouvrant la porte aux virus (grippe, angine, bronchite…).

Automassages

• En rentrant chez vous, douchez-vous ou prenez un bain (avec deux poignées de gros sel marin). Pratiquez la respiration abdominale (voir p. 38) et les automassages du ventre (voir p. 136).

• Privilégiez les automassages de la tête ou des pieds, ou un massage doux de détente de tout le corps — faites-vous masser le dos par votre conjoint ou un thérapeute. C'est en soignant votre ventre par les auto-massages que vous chasserez plus rapidement la fatigue. Les massages et l'eau chaude salée sont les meilleurs moyens de vous défatiguer en apportant détente physique et psychologique (toujours les deux cerveaux en harmonie).

Sport-plaisir

• Pour votre bien-être, votre détente physique et psychologique, recherchez une activité physique-plaisir (voir p. 108) que vous pratiquerez à votre rythme deux fois par semaine au moins. Au début, arrêtez-vous pour vous reposer toutes les dix minutes si vous nagez, toutes les vingt minutes si vous marchez ou courez, toutes les trente minutes si vous faites du vélo. Ainsi, le lendemain, vous ne serez ni fatigué ni découragé. Bien au contraire, vous trouverez votre rythme et le plaisir de faire du sport. Cette activité physique ne devra en aucun cas vous laisser de courbatures et de fatigue supplémentaire. Protégez-vous après l'activité, couvrez-vous immédiatement pour ne pas prendre froid. N'hésitez pas à boire beaucoup en cas de grande randonnée.

Méditation abdominale

Pratiquez-la deux fois par jour (voir p. 147). Le ventre est le centre de notre énergie. Il est relié directement au premier cerveau : de sa santé dépendent votre forme, votre bien-être et votre optimisme.

GASTRITE

La gastrite se manifeste par une inflammation de la muqueuse de l'estomac. On ressent des aigreurs, des brûlures, des crampes, des sensations de lourdeur, des nausées, et on peut avoir des renvois et mauvaise haleine.

Toute ces manifestations sont dues à la présence excessive d'acide chlorhydrique dans l'estomac. Les causes en sont multiples : le stress, la nervosité, une mauvaise alimentation, des comportements alimentaires hétéroclites, une indigestion chronique.

Négligée ou mal soignée, une gastrite peut se transformer en ulcère ou, au niveau des intestins, en colite ou colopathie fonctionnelle. En tout état de cause, une gastrite fatigue les deux cerveaux.

Respiration abdominale

• Pour calmer l'anxiété, la nervosité, pratiquez avant de passer à table ma respiration abdominale (voir p. 38). Consacrez-lui au minimum cinq minutes.

Alimentation

Toute gastrite peut se guérir rapidement à condition de manger lentement, à des heures régulières, pas trop abondamment, une nourriture variée antiacidité.

• Dès le matin, choisissez le petit déjeuner antiacidité (p. 102).

• Évitez de passer à table, si vous êtes nerveux, sous le coup d'une émotion, d'une contrariété.

• Mangez dans le calme, sans télévision qui accentue trop souvent le stress.

• Mangez assis à table, mais surtout pas penché en avant, ni sur un siège trop bas...

• Mangez doucement pour saliver, mastiquez pour que les aliments correctement broyés se mélangent à la salive.

• Évitez les repas trop copieux et trop arrosés.

• Attention aux fritures, aux plats trop épicés, aux condiments trop vinaigrés, aux jus de fruits frais ou en boîte surtout à jeun, aux boissons gazeuses, aux boissons trop chaudes ou glacées...

• Évitez les excitants surtout à jeun : thé, café, tabac et alcools lourds (apéritifs et digestifs).

• Évitez les sucreries : miel, confiture, viennoiseries, biscuits secs...

Tous ces aliments déclenchent dans l'estomac un excès d'acidité qui entretient la gastrite.

• **Attention**, une carie, une inflammation dentaire ou des gencives peut être une source d'excès d'acidité.

Automassages

• Dès le matin au réveil, nettoyez-vous la bouche, massez-vous les gencives avec les doigts.

• Brossez-vous les dents après chaque repas.

• Faites des séances d'automassages de deux à trois minutes sur la zone du plexus solaire située au-dessus de l'estomac, pour éliminer un amas cellulitique éventuel sur le thorax et le ventre (voir p. 143). C'est une source de détente et la détente est essentielle dans le combat contre la gastrite.

Gymnastique des deux cerveaux

À pratiquer deux fois par jour, le matin avant le petit déjeuner, le soir avant le dîner, jusqu'à disparition complète des troubles. Ensuite, afin d'éviter la récidive, continuez ces exercices chaque matin.

Méditation abdominale

Très importante, dans tous les cas de gastrite, car, en harmonisant les deux cerveaux, elle chasse l'excès d'acidité. Cela peut paraître surprenant, mais le meilleur moment pour la pratiquer : avant le déjeuner — presque toujours pris dans l'énervement, la précipitation.

INSOMNIE

Le sommeil ne naît pas seulement dans le cerveau supérieur, il naît aussi dans le ventre, ce second cerveau. Ou, plutôt, il est conditionné dans sa qualité et sa durée par l'harmonie indispensable entre les deux cerveaux. Les rythmes du sommeil sont inscrits, dès notre plus tendre enfance, parmi tous les biorythmes qui nous sont propres dans notre horloge biologique. Leur réglage dépend en grande partie du ventre, où sont enregistrés, on en a maintenant la certitude, les chocs, les émotions, les frustrations de nos premières années. Par ailleurs, notre alimentation, y compris le petit déjeuner du réveil, joue un rôle important dans la qualité du sommeil nocturne.

Un bon sommeil est essentiel à notre équilibre, à notre bien-être, à notre santé. C'est en dormant dans l'obscurité qu'on sécrète la mélatonine, cette hormone synthétisée, mais pas encore commercialisée en France, qui atténue les effets du manque de sommeil, ou du fameux « jet lag ». La sérotonine, un neurotransmetteur qui a un rôle d'excitant (contre lequel lutte le Prozac), est produite aussi en partie, pendant le sommeil, par le ventre. Un ventre malade sécrète trop (ou pas assez) de sérotonine, ce qui a des effets néfastes.

Sur les phases du sommeil, le rythme circadien (alternance de l'activité diurne et du repos nocturne) sur le rôle des différentes zones du cerveau supérieur, sur le sommeil paradoxal, les rêves, etc., la recherche a fait, ces dernières années, des progrès importants. On connaît moins bien les réactions du ventre en la matière. Elles sont pourtant, d'après moi, essentielles, complexes et directement coordonnées à celles du cerveau supérieur.

On sait depuis peu que le manque de sommeil augmente le risque de diabète type 2 et de prise de poids en perturbant le métabolisme des glucides et de l'insuline. Les insomniaques sécrètent un surcroît d'insuline. Pour les « mauvais dormeurs », le risque cardio-vasculaire est multiplié par trois.

On dort aussi avec son ventre. J'ajouterai : on ne peut pas bien dormir avec un ventre en dysfonctionnement.

C'est pourquoi j'ai rédigé toute une série de conseils destinés à améliorer votre sommeil, à supprimer des insomnies éventuelles à travers l'attention particulière que vous portez désormais, je l'espère, à votre second cerveau.

Respiration abdominale

On doit apprendre à se préparer à cette phase importante de la vie : on passe entre un quart et un tiers de son temps à dormir. À soixante ans, on a passé plus de vingt ans à dormir.

Avant de vous étendre dans l'obscurité le soir, pratiquez comme dans la journée ma respiration-détente-bien-être (voir p. 38). Au réveil, ne vous levez pas brusquement ; dans le lit, allongé sur le dos, jambes fléchies, pratiquez cinq fois de suite ma respiration abdominale. Cette phase de détente doit vous permettre d'établir le planning de la journée ; de façon à ménager, toutes les heures, un temps de repos. C'est une manière de respecter votre horloge biologique.

Gymnastique des deux cerveaux

C'est dans la journée, à travers les deux cerveaux, que vous construirez l'endormissement du soir, un sommeil réparateur et un réveil agréable. Bannissez toute gymnastique bruyante, astreignante ; pas de musculation excessive. Pas de parties acharnées de squash, de tennis ou de badminton, pas de compétitions. En revanche, vos deux cerveaux profiteront des bienfaits de séances de relaxation, de yoga, de stretching doux, de méditation abdominale (voir p. 147). Le ventre est aussi un distributeur de détente et, par l'intermédiaire du nerf vague reliant les deux cerveaux, c'est lui qui va améliorer le sommeil dans de grandes proportions.

Alimentation

On dort bien quand on digère bien. Il y a beaucoup de chances pour que les troubles du sommeil soient directement provoqués par une gastrite, l'aérophagie, une colite ou des problèmes de constipation, etc. Dans ce cas, soignez d'abord la cause (reportez-vous dans ce guide aux chapitres concernés).

Pour que les fonctions de votre ventre soient parfaites, il vous faut manger, assis, dans le calme, régulièrement, lentement.

Avant d'avoir retrouvé un sommeil satisfaisant, évitez le soir : tous les excitants (thé, café, Coca, alcools, tabac), tous les sucres rapides (miel, confiture, biscuits, jus de fruits). Le soir, pas de repas copieux. Choisissez bien vos programmes de télé, évitez les spectacles violents ; le zapping, fatigant pour l'œil, l'est donc pour les deux cerveaux. Tenez-vous à l'écart de tout ce qui peut ralentir la digestion et créer une fermentation excessive : potages (ils dilatent l'estomac), excès de crudités et de légumes, fritures, beurre cuit, fromages, surtout fermentés ou fondus, compotes, fruits cuits. Évitez de boire trop. Un ou deux verres de bon vin au dîner facilitent le sommeil ; trois verres le perturbent.

Des aliments, en revanche, facilitent le sommeil : pommes, pêches, mangues, bananes, yaourts, un verre de lait, deux carrés de chocolat noir ou une mousse au chocolat, les préparations légères à la vapeur, en papillote… Si vous prenez une tisane, limitez-vous à une tasse, au-delà, vous risquez de devoir vous lever pendant la nuit.

Évitez les somnifères qui agissent sur le premier

cerveau, perturbent l'horloge biologique et désorganisent le second cerveau dans son travail d'assimilation-élimination. Ces somnifères ne doivent jamais devenir une habitude. Leur usage doit être limité dans le temps (examen, choc psychologique), car ils entraînent deux problèmes : perturbation du transit et difficultés ultérieures de sevrage.

Sport-plaisir

Le choix d'un sport-plaisir est important car des activités douces (natation, marche) vont chasser du ventre les traces du stress négatif de la journée. Ne forcez pas, vous devez rester dans une ambiance calme, détendue, joyeuse, sereine. Trente minutes de marche, le soir après dîner, suffisent pour bien digérer et vous préparer à une bonne nuit.

Automassages

Pour mettre en symbiose les deux cerveaux, condition d'un bon sommeil, je propose de pratiquer, au coucher, un court automassage du visage et de la tête (voir p. 65). J'ai guéri de nombreuses insomnies en demandant à mes patients de compléter le massage du visage et de la tête par quelques manœuvres (trois minutes) très douces d'effleurage et de malaxage sur la poitrine et sur le ventre : j'attache beaucoup d'importance à la relaxation avant l'endormissement. Les navigateurs solitaires, qui parfois doivent impérativement récupérer par le sommeil, quelles que soient les conditions, savent très bien se préparer émotionnellement, caler leur horloge biologique en pratiquant une méthode de relaxation et des automassages.

Méditation abdominale

Elle doit accompagner dans la relaxation avant endormissement les automassages du visage et de la tête (voir p. 65 et 147).

MAL DE DOS, RHUMATISMES (ARTHROSE, ARTHRITE)

Cela peut sembler paradoxal, mais pour guérir son mal au dos il faut, en priorité, soigner son ventre.

Dans mon livre précédent, *Plus jamais mal au dos*, j'explique que, quand un patient me demande d'éliminer ses douleurs du dos, je me dirige à sa grande surprise vers son ventre ; je regarde d'abord sa statique : un ventre gonflé, porté vers l'avant, affecte l'équilibre du dos, générateur de douleurs. À la palpation, je trouve toujours un ventre spasmé, ballonné, douloureux, source d'une hyperacidité qui va se loger dans les muscles et au pourtour des articulations. Bien des maux de dos et des rhumatismes n'ont pas d'autre origine. La théorie du médecin espagnol Ramón Y Cajal a mis en lumière l'existence des cellules dites « interstitielles » produites par le ventre, qui jouent un rôle important dans le fonctionnement des muscles et des attaches musculaires en relayant les messages du premier cerveau. De récents travaux suédois et japonais ont confirmé et développé cette découverte. J'exclus, bien sûr, les maux de dos consécutifs à des chutes ou à des traumatismes.

L'acidité provenant du ventre, en maintenant une inflammation chronique de la muqueuse intestinale, diminue la souplesse des muscles et freine le mouvement physiologique des articulations vertébrales, et des autres. Elle est donc la cause de la plupart des douleurs de dos et des rhumatismes. La réaction habituelle (et la majorité des prescriptions) est de prendre un anti-inflammatoire dont on a tendance à augmenter les doses sans tenir compte des méfaits sur l'appareil digestif (gastrite, ulcère). Son effet est antalgique, il calme la douleur, mais il ne peut en aucun cas constituer un traitement à long terme. En entretenant l'hyperacidité, il est, au contraire, à l'origine de problèmes neurovégétatifs, de fatigue accrue, et, dès qu'on arrête le traitement, à la source de dépression consécutive au retour des douleurs.

Une alimentation anti-acidité, la détente du système nerveux central à travers la gymnastique des deux cerveaux, le sport-plaisir adapté à chaque cas, les automassages viennent à bout de la plupart des douleurs de dos ou d'articulations récidivantes ou chroniques.

Alimentation

• Petit-déjeuner anti-acidité (voir p. 102).

• Dans la journée, fractionnez les prises alimentaires en cinq petits repas légers et variés durant vos activités. Mangez lentement.

• Écartez les aliments créant de l'acidité susceptibles d'entretenir une fermentation intestinale avec ses problèmes neurovégétatifs.

• Évitez, surtout à jeun : café, thé, alcool, tabac, jus de fruits. Une enquête auprès de trente mille patients américains buvant en moyenne quatre tasses de café par jour a démontré que chez eux le risque de polyarthrite rhumatoïde augmentait de façon significative. La consommation de « décaféiné » ne modifie pas la statistique.

• Dans la journée, évitez miel, confiture, pâtisseries à base de farine blanche, pizzas, quiches, biscuits secs, pain blanc, fromage fondu.

• Évitez les boissons sucrées (sodas, sirops, etc.).

• Pas d'excès de viande rouge, de charcuterie, de fritures.

• Évitez beurre cuit et graisses cuites.

En résumé, choisissez les aliments les plus alcalins : légumes verts crus ou cuits, pommes de terre, maïs, chou, carottes, betteraves, haricots verts, épinards, avec le maximum d'herbes aromatiques aux vertus anti-oxydantes (ciboulette, persil, basilic, estragon...), et fruits (banane, pêche, châtaigne, amande...).

• Optez pour les viandes blanches (veau) et les volailles (poulet de ferme, pintade, dinde...).

• Les pâtes, le riz, les haricots blancs, les lentilles, les fèves, les sucres lents en général améliorent la santé, protègent le dos et les articulations.

Sport-plaisir

L'activité physique adaptée, douce et régulière n'est pas contre-indiquée — bien au contraire, elle est encouragée par le corps médical ; c'est même un excellent moyen pour calmer et freiner une inflammation, soulager la douleur et maintenir son capital musculaire.

Le but est de renforcer la ou les articulations sans déclencher de douleurs ni d'épanchement.

Tout mouvement qui provoquerait la moindre souffrance est à éviter :

— soit le mouvement est exécuté trop fortement ou trop rapidement,

— soit l'articulation n'est pas encore en mesure de supporter ce mouvement.

Pour lutter contre les maux de dos et les rhumatismes, il faut apprendre à bien se connaître. Soyez patient, cela demande un peu de temps.

Je suis d'accord avec le professeur Xavier Chevalier (hôpital Henri-Mondor, Créteil) quand il déclare : « ... La prise en charge non pharmacologique est une étape indispensable et première dans le traitement de l'arthrose... de nature à améliorer non seulement la fonction, mais aussi le niveau des douleurs. »

Les meilleurs sports pour la santé du dos et des rhumatismes sont en priorité :

• **La natation**, à condition de nager en souplesse, sans à-coups. Elle sollicite peu les articulations. L'eau chaude, salée de préférence, en augmente les bienfaits à la condition de ne pas rester dans l'eau trop longtemps, ce qui produit l'effet inverse.

Nagez doucement, vingt minutes, c'est largement suffisant. Avant et après la natation, exécutez une gymnastique aquatique très douce, pratiquée aujourd'hui dans tous les centres de soins hydro- et thalassothérapiques.

• **Le vélo** est bénéfique à condition de rouler sur un terrain plat avec une selle et un guidon bien réglés. Ne forcez jamais, faites des pauses toutes les trente minutes pendant lesquelles vous marcherez ou ferez des mouvements d'assouplissement et d'étirement doux.

Si vous n'avez pas l'occasion de pratiquer à l'extérieur, le vélo d'appartement est conseillé.

• **La marche** avec de bonnes chaussures (évitez les chaussures plates ou avec des semelles trop fines afin de protéger le tendon d'Achille), des vêtements légers (si vous souffrez d'arthrose cervicale ou lombaire, un manteau lourd accentue les inflammations), pas de sac sur une épaule, qui déséquilibre le corps.

La marche est conseillée à condition de respecter des temps de repos toutes les vingt minutes.

Les sports doux, réguliers, ont pour but de détendre le système nerveux central, de stabiliser un poids idéal (en perdre ou en prendre suivant les besoins) de renforcer toutes les articulations et de rendre au ventre sa force vitale.

Buvez de l'eau avant, pendant et après toute activité.

Gymnastique des deux cerveaux

En cas de maux de dos ou de rhumatismes, cette gymnastique est très efficace, parce qu'elle n'entraîne aucun forcing sur le muscle ou l'articulation (voir p. 121).

Respiration

Ma respiration bien-être, favorisant une meilleure circulation sanguine, permet d'éliminer plus facilement les dépôts d'acidité venant d'une fermentation excessive dans le ventre, qui se loge dans les muscles et sur les articulations (voir p. 38).

Automassages

Les automassages que je vous indique pour votre ventre ne présentent aucun risque. Non seulement vous allez éliminer vos troubles neurovégétatifs, mais, par réflexe, vous diminuerez l'excès d'acidité du ventre qui perturbe vos articulations. Pratiquez les automassages deux à trois fois par jour (voir p. 136).

Méditation abdominale

Les maux de dos et les rhumatismes sont très sensibles à la détente que produit l'harmonie retrouvée et maintenue entre les deux cerveaux (voir p. 147).

MAUX DE TÊTE, MIGRAINE

Beaucoup de migraines et de maux de tête naissent dans un ventre en mauvaise santé, sont produits par une indigestion chronique, une flore intestinale perturbée, des problèmes hépato-biliaires, une mésentente entre les deux cerveaux. Véritable fléau social, la migraine et les maux de tête, qui touchent plus de sept millions de Français, viennent de la dilatation et de l'inflammation des artères de la tête — dont les causes restent mystérieuses. Je suis sûr que le ventre, second cerveau, joue un rôle dans le déclenchement de ces crises : bien des migraineux éprouvent des nausées et sont au bord des vomissements. Je pense que la plupart des migraines et des maux de tête viennent d'une dysfonction au niveau des voies hépato-biliaires et bilio-pancréatiques.

En remettant un ventre en bonne santé, j'ai souvent, et parfois à ma grande surprise, amélioré et espacé une migraine ou un mal de tête traînant depuis des années. Avec ma respiration-détente, une meilleure alimentation, la pratique d'un sport-plaisir et des séances de méditation abdominale, l'harmonie indispensable entre les deux cerveaux se consolide, l'état migraineux s'améliore de façon spectaculaire et les céphalées (maux de tête non migraineux) disparaissent définitivement.

Respiration abdominale

Elle joue un rôle essentiel, car les migraines et les maux de tête s'abattent principalement sur des personnes nerveuses, anxieuses, angoissées, préoccupées, tendues, hypersensibles. Ma respiration abdominale (voir p. 38) a pour effet de détendre le cerveau supérieur en l'approvisionnant en hormones du bien-être, ce qui, dans de nombreux cas, fait reculer les crises et les douleurs. Elle a un effet préventif sur les artères du crâne.

À pratiquer sept à huit fois par jour cinq fois de suite dans le cadre de ma méthode.

Alimentation

• Mangez lentement, régulièrement et dans le calme. Ne sautez pas de repas (un régime basé sur la diminution du nombre des repas est facteur de maux de tête). Tout excès alimentaire, d'excitant comme l'alcool ou le tabac, favorise la vasodilatation des artères et donc peut déclencher des crises.

• Conseil : Quand on sent la douleur arriver, prendre le plus rapidement possible une tasse de café chaud, ou un verre de Coca-Cola froid à boire très lentement. N'abusez pas de ce conseil après 15-16 heures.

• Évitez en général les plats en sauce, les graisses cuites, les fritures, les charcuteries, le fromage fondu, les pâtisseries et la farine blanche.

• Privilégiez les légumes, les sucres lents, les fruits, les produits frais et naturels.

Méditation abdominale

« J'ai mal à la tête ! » Le premier cerveau souffre. Le second cerveau va lui venir en aide par la méditation abdominale. Elle va régulariser le flux sanguin des artères et apaiser la douleur (voir p. 147).

PRISE DE POIDS

Une enquête de l'INSERM vient d'aboutir à ces chiffres ahurissants : le nombre d'obèses en France a augmenté en trois ans de 25 %. Dans le même temps, le nombre d'enfants obèses a presque doublé !

Les principaux responsables des kilos superflus qui empoisonnent la vie de tant de femmes, d'hommes et d'enfants, et dont on a tant de mal à se débarrasser, sont rassemblés au niveau de votre ventre. Ce sont les dérèglements du système nerveux, provoqués par les stress, les émotions, les frustrations, etc., qui provoquent des comportements alimentaires anarchiques (boulimie, grignotage diurne ou nocturne, fringale, recherche de plats trop riches, trop gras, trop sucrés). Le ventre souffre, ballonne, spasme, élimine mal et constitue des réserves qui vont se loger un peu partout dans le corps. Et déformer la silhouette.

En régularisant la fonction assimilation-élimination, en remettant en harmonie le second et le premier cerveau, on va obligatoirement maigrir, et sans reprendre du poids. Le ventre n'est pas seulement une usine de transformation alimentaire, mais aussi un créateur de cellules immunitaires, de neurotransmetteurs, aux fonctions complexes, liées et harmonisées avec le cerveau supérieur. De telle sorte qu'en traitant le ventre on intervient aussi sur les troubles psychologiques (anxiété, nervosité, timidité, hypersensibilité), tous générateurs de prise de poids.

En plus d'une alimentation mieux choisie et mieux programmée, on va traiter le ventre et rétablir ses fonctions optimales par les moyens suivants :

Alimentation

• Dès le réveil, prenez une douche chaude et frictionnez-vous le ventre et la taille pour mettre en action les voies hépato-biliaires et bilio-pancréatiques. Brossez-vous les dents, massez-vous les gencives avec les doigts pour chasser les impuretés logées dans la bouche pendant la nuit et pour stimuler la salive et préparer au premier repas de la journée, starter de l'amaigrissement.

Le petit déjeuner starter se prend quinze minutes environ après le réveil. Pris couché, avant l'éveil des voies hépato-biliaires et bilio-pancréatiques, le petit déjeuner encrasse ces voies, ce qui entraîne un stockage des graisses. De même, quand on saute le petit déjeuner, on sécrète trop de bile, trop d'insuline qui, ne trouvant rien à transformer, créent de l'acidité.

• Mangez régulièrement et uniquement aux heures des repas : trois repas par jour, ou trois repas plus une ou deux collations suivant la dépense d'énergie requise par votre travail.

• Le dîner doit être le repas le plus léger de la journée, afin d'éviter le stockage des graisses et des troubles de digestion pouvant perturber le sommeil au niveau du premier cerveau et dérégler le cycle neuroendocrinien. Évitez, le soir, les potages, les excès de crudités, les fromages et les desserts sucrés.

Des expériences scientifiques ont prouvé qu'on a tendance à manger à chaque repas la même quantité d'aliments pour se sentir rassasié. D'où l'importance du choix des aliments et la nécessité de sélectionner les moins riches, les moins gras, les moins sucrés pour diminuer le nombre de calories (entre deux yaourts, l'un naturel, l'autre aux fruits, choisir le yaourt nature ; entre deux viandes, choisissez la plus légère, grillée, sans sauce).

Reportez-vous au modèle idéal du Journal alimentaire (p. 74-75).

• Évitez toute boisson sucrée, chaque verre absorbé correspondant à un ajout de deux à trois morceaux de sucre. Évitez les alcools, surtout les alcools lourds. Un seul verre de vin ou de bière à chaque repas. Buvez de l'eau (deux litres) à tous les moments de la journée, repas compris.

• Si vous ne pouvez vous passer de café (ou de thé), une seule tasse, après avoir mangé du solide ; et jamais après 17 heures.

Respiration

Ma respiration abdominale (voir p. 38), par le massage naturel du ventre qu'elle entraîne, a plusieurs mérites : régulariser les fonctions neurovégétatives ; améliorer le transit et provoquer une détente au niveau du premier cerveau par la création des endorphines. On maigrit en associant prise alimentaire, lente, régulière et sélectionnée, à la respiration abdominale, le premier et le second cerveau se retrouvant en harmonie. Pour perdre du poids, pratiquez ma respiration abdominale avant chaque repas ou avant chaque collation et avant de vous endormir.

Gymnastique des deux cerveaux

Impossible de maigrir durablement sans une activité physique appropriée à votre état, à votre âge, à votre activité et à vos goûts. Pour maigrir, il faut bouger. Les mouvements doivent être commandés par la respiration ; ils ont pour objet de fortifier le système cardio-vasculaire, améliorant la circulation sanguine, et, à travers le ventre (et différents organes), de drainer la graisse emmagasinée, et l'éliminer. Il est important que ces mouvements soient réguliers et qu'ils n'engendrent aucune fatigue du cœur ; en cas de fatigue (si vous forcez), l'effet sera inverse. Les exercices lents de la gymnastique des deux cerveaux, dont les abdominaux (voir p. 121), entraînent une détente du premier cerveau avec pour conséquence la disparition des kilos superflus.

Sport-plaisir

Ces exercices ouvrent aussi sur la pratique d'un sport d'endurance, qui aura pour effet de fortifier le système cardio-vasculaire et neuromusculaire, et d'affiner votre silhouette. Il est prouvé médicalement qu'en dépassant quarante-cinq minutes d'activité d'endurance on attaque ses réserves graisseuses. L'important est de faire fondre la graisse en préservant votre musculature. Pratiquez le sport-plaisir le plus souvent possible, au minimum trois fois par semaine. Stoppez à la moindre fatigue, au premier essoufflement. Dans ce cas, n'hésitez pas à remettre au lendemain. Pour perdre du poids, il importe de ne jamais fatiguer le cœur.

Automassages

Toute prise de poids s'accompagne d'une dysfonction du système neurovégétatif. Les automassages, en particulier sur les plexus, accélèrent la circulation sanguine, stimulant glandes et organes qui, rétablis dans leur fonction optimale, vont éliminer les toxines et empêcher le stockage des graisses. Autre effet de l'automassage du ventre : la chaleur de la main détend le premier cerveau, et on connaît le rôle majeur de la détente psychologique dans la perte de poids (voir p. 136).

Méditation abdominale

Elle joue un rôle important dans la suppression des kilos superflus (voir p. 147). Elle réconcilie les deux cerveaux, combat les effets du stress, les anxiétés, la timidité, l'émotivité qui jouent un rôle négatif en amenant des tensions à tous les niveaux — et entraînent des prises de poids. La méditation du soir permet une bonne digestion, favorise le sommeil qui, lui aussi, joue sa partition dans le grand orchestre de l'amaigrissement.

PROBLÈMES ESTHÉTIQUES

La beauté part du ventre. Impossible d'avoir une peau souple et tonique, un teint lumineux, une chevelure brillante et abondante, des ongles durs, des dents saines, un ventre plat, un corps svelte, sans cellulite, des fesses fermes, une taille fine, si le ventre n'est pas en parfaite santé.

De même, sans un premier cerveau en harmonie avec le ventre, sans cet accord indispensable, que j'évoque constamment dans le livre, source de calme, de sérénité, de confiance en soi, d'équilibre, la véritable beauté ne sera jamais au rendez-vous. Aujourd'hui, on peut l'affirmer, la beauté repose sur le double support d'un ventre en bonne santé et de son harmonise avec le cerveau supérieur dans la recherche constante du naturel.

Pourquoi cette association ventre-beauté ? Parce que c'est par l'intermédiaire du ventre qu'on fixe les propriétés nobles de l'alimentation, réparties ensuite dans tout le corps. Parce que les cellules de la peau se renouvellent à un rythme très rapide, plus vite que les cellules rénales ou hépatiques. Placées à la fin de la distribution des nutriments apportés par le sang, elles sont les premières à souffrir des carences alimentaires.

Mon expérience me permet d'affirmer que ces vitamines indispensables à la beauté exigent, pour ne pas être détruites dans les intestins, un ventre en parfaite santé, c'est-à-dire une flore intestinale sans excès de fermentation (indigestion chronique) capable d'assimiler les vitamines, de les répartir et de chasser les toxines, ces grandes ennemies de la beauté. J'ai souvent soigné dans mon cabinet des femmes qui surveillaient leur alimentation, mangeaient lentement et régulièrement avaient de gros problèmes de peau, qu'elles essayaient de traiter par des crèmes et des médicaments. Elles présentaient toutes un ventre spasmé, douloureux, signe d'une indigestion chronique. En traitant leur ventre, leur peau a repris son éclat, perdu sa sécheresse, leurs rides se sont atténuées, leurs cheveux ont cessé de tomber, leurs problèmes cutanés ont été résolus. Les crèmes et autres produits d'application se sont révélés beaucoup plus efficaces.

En traitant le ventre, on améliore l'immunité, on chasse eczéma, psoriasis et acné rebelle.

Alimentation

Pour bien approvisionner les cellules extérieures du corps (peau, cheveux, ongles), pour freiner le vieillissement de la peau, le ventre doit absorber et traiter les vitamines indispensables, les antioxydants antiradicaux libres (voir p. 98, 99, 100) et certains acides gras essentiels. Méfiez-vous de la spirale du sucre qui déclenche des fermentations intestinales et produit de la disgracieuse cellulite.

Assimilées par le ventre, les **vitamines du groupe B** sont au premier plan du combat pour la beauté :

B1 Antioxydante, assure la bonne assimilation des hydrates de carbone et la transformation des graisses en énergie.

B2 Pour la qualité de la peau, des ongles, des cheveux, elle est indispensable au bon fonctionnement des cellules et à leur entretien. Son action est renforcée par la vitamine A.

B3 Essentielle aux cellules pour une bonne utilisation de l'oxygène. Préserve de la lumière solaire.

B5 Antioxydante donc antivieillissement, c'est la plus importante du groupe : elle protège la peau, les muqueuses et les ongles.

B6 Régule la sécrétion sébacée, sa carence peut être responsable d'eczémas, de chute de cheveux. Elle est antioxydante.

B8 Nécessaire au système circulatoire et à la peau. Sa carence entraîne chute des cheveux et dermatite.

B9 Aide à produire des globules rouges pour notre défense immunitaire : multiplication cellulaire et renouvellement cutané.

B12 Améliore la qualité de la peau, son teint et sa luminosité.

Les vitamines B

Céréales complètes : levure de bière, germe de blé.

Légumes secs et soja

Légumes verts et frais : épinards, courgette, chou, laitue, poireau, haricot vert... ail, oignon, champignon, avocat.

Viandes maigres et abats : foie, rognon, cervelle, jambon.

Volailles

Poissons et crustacés : thon, morue, sole, sardine, hareng, crabe, crevette, huître....

Œufs

Produits laitiers : lait, fromage.

Oléagineux : noix.

Fruits : amande, châtaigne, banane, datte, figue.

Pour la beauté, les ennemis les plus agressifs, personne ne l'ignore, sont l'excès d'alcool ou d'excitants, le tabac, et l'exposition au soleil, génératrice de cancer de la peau ; les redoutables mélanomes sont en très forte augmentation.

Respiration

C'est une alliée de votre beauté, car venant du ventre, elle accélère le processus d'élimination des toxines et, par le biais d'une bonne circulation, retarde le vieillissement de la peau : les fibroblastes, cellules spécialisées, perdent moins de collagène, ou conservent leurs réserves. On évite ainsi la formation de rides.

Pratiquez ma respiration-détente à chaque émotion, contrariété ou stress (voir p. 38).

Gymnastique des deux cerveaux

Un ventre musclé et plat est une garantie de beauté. Pour garder (ou retrouver) un ventre plat, rien de mieux que la gymnastique des deux cerveaux qui chasse fermentation, indigestion chronique et inflammation du tissu conjonctif (cellulite). Cette gymnastique agit aussi sur toutes les autres parties du corps, qu'elle met à l'abri de la cellulite et qu'elle modèle là où vous voulez. Cette méthode fait appel aux deux cerveaux et permet, par l'imagination, de cibler l'amaigrissement et de retrouver sa joie intérieure et sa confiance en soi (voir p. 121).

Automassages

Parmi les automassages que je propose, votre beauté tirera profit, en particulier, de ceux du visage, de la tête et du ventre.

Les automassages du visage et de la tête (voir p. 65), en sollicitant les nerfs crâniens (et le nerf vague), calment le système nerveux, activent l'énergie et apportent une détente antirides et anticrispation. Ils tonifient et assouplissent la peau, gomment les poches sous les yeux liées souvent à des dysfonctions hépato-biliaires et les bourrelets graisseux, signe d'une dysfonction neurovégétative.

Les automassages du ventre ont le mérite de vasculariser la peau et de déloger ses impuretés, de la rendre plus souple et de supprimer les amas cellulitiques. En auto-massant le ventre, on agit sur tout le corps. D'où la déception de beaucoup de femmes qui, mal informées, se bornent à traiter localement les troubles esthétiques sans aller à l'essentiel : la santé de leur ventre.

Sport-plaisir

En éliminant les tensions du ventre, le sport-plaisir a deux effets sur votre beauté : en activant la circulation profonde et périphérique, il stimule tous les systèmes et chasse les toxines du tissu conjonctif. Pas de beauté durable sans la pratique régulière d'un sport d'endurance (voir p. 112). Si vous pratiquez marche, vélo, natation, ski de fond, golf, roller, vous constaterez que les traitements externes agissent plus efficacement et durablement.

Méditation abdominale

La vraie beauté, chez l'homme et chez la femme, est aussi une lumière qui vient de l'intérieur et qui reflète la personnalité profonde. La méditation abdominale aura pour effet de faire apparaître votre véritable nature, de privilégier l'être par rapport au paraître, sans tricherie ni camouflage. Être beau ou belle, c'est d'abord être soi-même, en harmonie avec les deux cerveaux (voir p. 147).

TROUBLES CARDIO-VASCULAIRES

On a longtemps pensé que le cœur était notre second cerveau. Il vient de perdre son rang au profit du ventre. Mais il garde le privilège d'être en tête de toutes les pathologies. Depuis que je travaille, je sais qu'en se penchant sur la santé du ventre, en la lui rendant, on diminue considérablement les risques d'accidents cardio-vasculaires graves. Ceux-ci sont liés directement, dans la plupart des cas, à des dépôts de mauvais cholestérol, à un taux trop élevé de sucre dans le sang (diabète), à un encrassage général de l'appareil circulatoire. C'est dans le ventre que se préparent ces agressions. On soigne le cœur quand il est atteint et on a fait dans ce domaine des progrès spectaculaires on devrait, bien avant, réfléchir à la santé du ventre et à son lien avec le premier cerveau. Un grand travail reste à accomplir.

Au risque de me répéter, je voudrais insister sur cette réalité : un ventre malade, une indigestion chronique née d'une flore intestinale déficiente fatiguent l'appareil circulatoire, qui doit apporter plus de sang à la muqueuse pour combattre l'inflammation, déterminant une augmentation progressive du rythme cardiaque (essoufflement, douleurs thoraciques, maux de tête, dépression et troubles dans le premier cerveau). Cela peut paraître surprenant, mais la liaison cerveau-cœur passe par le ventre. D'ailleurs, on a découvert récemment un neurotransmetteur produit par le ventre, la « neurotrophine », qui joue un rôle important dans la régulation de la pression sanguine. De telle sorte que le ventre, second cerveau, ce qu'on ignorait totalement, se retrouve en position d'arbitre de nombreux troubles cardiaques. Je comprends pourquoi j'ai si souvent, en traitant un ventre malade, amélioré une hyper- ou une hypotension, et rendu espoir et bien-être à des patients, en général hypertendus, qui se considéraient comme cardiaques !

Respiration

La respiration abdominale (voir p. 38) par l'ensemble des bienfaits qu'elle apporte, en améliorant l'oxygénation de l'ensemble du corps, en développant la cage thoracique, tonifie et protège le muscle cardiaque et tout le système cardio-vasculaire. En particulier, elle permet de limiter les effets du stress en augmentant la production de sérotonine qui, à travers le premier cerveau, atteint et menace le cœur. On sait aussi que le stress réduit chez la femme le taux d'œstrogènes, ce qui fait disparaître sa protection naturelle (il y a moins d'accidents cardiaques chez les femmes que chez les hommes).

Alimentation

En mangeant régulièrement, lentement, en fractionnant les repas (voir p. 53), en choisissant ses aliments, on obtient cela vient d'être confirmé par l'étude du groupe Silvia Titan (Cambridge) sur quinze mille sujets de quarante-cinq à soixante-quinze ans une baisse des concentrations de cholestérol total et de LDL cholestérol.

En privilégiant les antioxydants (voir p. 100), en ajoutant à chaque repas, fruits, légumes (fibres), en évitant les repas trop riches, trop gras, trop sucrés, facteur d'obésité et de diabète, qui provoquent un afflux sanguin excessif dans l'abdomen, le second cerveau devient un allié puissant dans la protection des risques cardiaques.

Le tabac, qui détruit la plupart des vitamines antioxydantes (surtout la vitamine C) distribuées par le ventre, augmente le risque cardiaque, en attaquant les vaisseaux, en durcissant les artères, y compris l'aorte abdominale, favorisant l'apparition de plaques d'athérome (cholestérol) qui peuvent obstruer les artères avec des risques d'impuissance.

Le vin recèle des substances antioxydantes (tanins, flavonoïdes), donc je conseille d'en consommer un verre par repas (deux au maximum), mais d'éviter apéritifs et digestifs. De même, une tasse de thé vert ou noir, le matin ou après déjeuner, aura un effet antioxydant, dû aux flavonoïdes, et préventif des maladies cardio-vasculaires.

Sport-plaisir

L'exercice régulier et modéré qui maintient le ventre en bonne condition (voir p. 108), on le sait, a un effet positif sur l'athérosclérose, principal responsable de troubles cardiaques. L'*American Heart Association* vient de le confirmer lors de son dernier congrès. Voici un extrait du rapport que j'ai eu sous les yeux : « Un exercice physique régulier, de faible intensité, tel que marcher quatre ou cinq fois par semaine, a abaissé le taux sanguin de la protéine C réactive et a amélioré la fonction des cellules tapissant les vaisseaux sanguins. Cela a été particulièrement observé chez les hommes qui sont génétiquement plus sujets aux maladies cardio-vasculaires. »

Automassages

Tous les massages, en particulier ceux du ventre, apportent une meilleure oxygénation de l'appareil circulatoire et, par la liaison avec le premier cerveau, une relaxation. Le cœur en profite. On peut augmenter cette oxygénation par automassage du thorax et de la tête (voir p. 136).

En massant le thorax, on masse aussi le cœur, et une des conséquences est d'améliorer la circulation sanguine du ventre qui favorise la fonction d'assimilation-élimination.

Méditation abdominale

Elle réduit le stress et fait donc chuter les risques cardio-vasculaires. Une étude très sérieuse du *National Institute of Heart* américain vient d'établir que la méditation, qui permet à l'individu de se projeter dans une dimension spirituelle, diminue le risque d'accident vasculaire cérébral et d'infarctus (voir p. 147).

TROUBLES SEXUELS

Jamais le premier et le second cerveau ne sont aussi liés, aussi complémentaires que dans l'acte amoureux. Le désir, qui naît dans la tête, est ressenti simultanément au plus profond du ventre. Sans l'harmonie entre les deux cerveaux, pas d'épanouissement possible. D'où les complexes, les difficultés, le manque de désir, les pannes et les déviations. Accéder au plaisir est quasi impossible pour l'homme, et très difficile pour la femme, si l'accord entre la tête et le ventre n'est pas réalisé. Bien faire l'amour, ou faire l'amour tout court, est un rêve irréalisable avec un ventre en mauvaise santé, porte ouverte au manque de confiance en soi, à l'échec, à la dépression.

En revanche, un ventre en bonne santé, bien coordonné avec le premier cerveau, prêt à recevoir ses impulsions, matérialisera facilement les désirs. C'est une garantie d'accomplissement physique et psychique, de pleine jouissance, un grand pas vers le bonheur. Beaucoup trop de troubles sexuels chez l'homme ou la femme, manque de libido, difficulté érectile, sécheresse vaginale, impuissance, frigidité, éjaculation précoce, douleurs, etc., peuvent être supprimés en rendant au ventre ses pleines fonctions et en rétablissant dans sa plénitude un contact peut-être altéré entre les deux cerveaux. Cette approche est, pour moi, bien plus naturelle et efficace que les supervitamines, les aphrodisiaques, le Viagra et tous les autres médicaments stimulants (qui ont toujours, quoi qu'on en prétende, des effets secondaires). Ma certitude est encore renforcée par des travaux récents de l'inévitable professeur Gershon, qui, se penchant sur les inhibitions (impuissance, frigidité, stérilité, etc.), a mis en évidence le rôle d'une molécule neurotransmettrice commune aux deux cerveaux, la nétrine.

Respiration

La respiration abdominale (voir p. 38) apporte, en premier lieu, détente et confiance en soi éléments de base de l'échange amoureux. Elle libère et canalise toutes les énergies du ventre ; elle permet une meilleure vascularisation du bas-ventre ; conséquence : érection facilitée chez l'homme, vagin mieux lubrifié chez la femme.

Gymnastique des deux cerveaux

Elle a pour effet, par ses manœuvres centrées sur le ventre (ventre gonflé comme s'il poussait une charge, ventre rentré comme s'il attirait la charge), de créer un phénomène de vasodilatation et de vasoconstriction de tout le système neurovégétatif. On obtient un afflux sanguin vers le bas-ventre, une meilleure vascularisation des organes génitaux, une plus grande sensibilité des muscles du périnée (ceux de l'amour). Ceux-ci seront stimulés par des contractions répétées de cinq secondes, dix à vingt fois de suite, deux à trois fois par jour. Le mouvement consécutif du bassin vous apportera une meilleure maîtrise de votre sexualité (voir p. 121).

Automassages

Ventre et cerveau sont les pôles indissociables du plaisir. Les automassages sont de nature à développer votre libido (désir) et votre capacité à atteindre l'orgasme… Le massage, on le sait, apaise par le contact de la peau l'esprit et le corps (voir p. 136). Impuissance et frigidité peuvent être combattues par des massages très doux, préludes à l'acte sexuel.

Alimentation

Entre le plaisir et vous, il n'y a pas que le premier cerveau qui puisse faire obstacle. Le ventre aussi, si vous le maltraitez sur le plan alimentaire. Tous les repas trop copieux, trop gras, trop riches, trop arrosés, suivis d'alcools et de cigarettes, fatiguent les deux cerveaux et constituent des « coupe-plaisirs ».

Pour bien faire l'amour, mangez léger en

choisissant bien vos aliments (voir p. 76). Méfiez-vous des aliments soi-disant aphrodisiaques, qui le sont rarement.

Méditation abdominale

Beaucoup de problèmes sexuels ont leur source dans l'histoire de chacun, et le ventre en a gardé les cicatrices. La méditation abdominale permet d'aller au-delà de ces souvenirs douloureux, pour se projeter vers un avenir plus positif. Elle permet aussi de triompher des agressions de la vie quotidienne qui affectent et peuvent totalement inhiber toute sexualité : stress, angoisse, état anxieux, pressions constantes de la société, refus de soi-même, manque de communication, timidité, solitude, etc.

La méditation abdominale vous entraîne loin de ces inhibiteurs. En réconciliant les deux cerveaux, en vous rééquilibrant sur le plan des émotions, elle vous rapproche de votre partenaire, facilite la communication, ouvre les portes du désir et des deux amours puisqu'il y a deux cerveaux pleinement partagés (voir p. 147).

VIEILLISSEMENT

Je sais par expérience que, chez l'homme comme chez la femme, un ventre qui s'alourdit, s'épaissit, devient flasque et proéminent, perturbe la statique vertébrale, voûte le dos et s'accompagne toujours de pessimisme et d'une accélération des autres phénomènes de vieillissement. Ainsi, je connais des hommes et des femmes de trente à quarante ans qui présentent des signes de vieillissement précoce (manque d'ambition, fatigue, pessimisme) et je vois des êtres de plus de soixante dix ans qui, grâce à leur ventre plat et en bonne santé, gardent une silhouette et une allure jeunes. En outre, le ventre catalysant avec le premier cerveau le maximum d'énergie et continuant à produire des cellules immunitaires, ces « vieux qui ont l'air jeune » sont rarement malades, gardent vigilance, optimisme, ouverture d'esprit, disponibilité, très souvent un potentiel sexuel, et sont à l'abri des atteintes de la sénescence. Un ventre plat, c'est un cerveau bien oxygéné en pleine possession de ses moyens. Un ventre en bonne santé c'est un corps protégé des atteintes de l'âge et de ses trois grands fléaux, les maladies cardio-vasculaires, les cancers et la maladie d'Alzheimer.

Alimentation

Plus on avance dans la vie, plus on doit veiller à la bonne santé de son ventre, qui passe, je l'ai souvent souligné, par l'harmonie avec le cerveau supérieur. La santé du ventre dépend d'abord de l'alimentation. Hippocrate, le père de la médecine, n'a-t-il pas écrit, il y a deux mille trois cents ans : « Que ton alimentation soit ton seul médicament » ?

Avec l'âge, les risques de troubles du comportement alimentaire augmentent. Manger suivant ses goûts pour se faire plaisir, à des heures régulières, en étant détendu, et varier au maximum l'alimentation sont indispensables pour éviter la monotonie qui peut aboutir à une perte des facultés gustatives, un affaiblissement de l'odorat, une diminution de la salive. Le ventre privé de vitamines, de sels minéraux et d'antioxydants ne remplit plus sa fonction immunitaire et se déconnecte du premier cerveau.

Mangez en quantité suffisante, ni trop ni trop peu.

Trop : fatigue digestive, intoxication, dépôt de cholestérol, fatigue du cœur, manque de concentration, élévation du taux de sucre dans le sang, prise de poids. Coupure dans l'harmonisation avec le premier cerveau.

Trop peu : carences, nervosité, perte d'énergie, frilosité, état anxieux ou dépressif, diminution de la production par le ventre des cellules immunitaires. Porte ouverte aux maladies infectieuses ou dégénératives et au vieillissement accéléré.

Les besoins en calories ne diminuent pas avec le temps. À partir d'un certain âge, les écarts de poids, vers le haut comme vers le bas, sont souvent le signe d'un trouble ou d'une maladie à venir.

La théorie actuelle du vieillissement fait la part belle à l'action protectrice des antioxydants. Les fruits et les légumes sont la principale source alimentaire des antioxydants ; ils renferment aussi des phyto-œstrogènes, hormones végétales dont l'apport est indispensable au moment de la ménopause (soja, *yam* sauvage). Des vitamines ont aussi une action antioxydante.

À partir des vitamines et des éléments antioxydants (p. 98, 99, 100), choisir, pour éloigner les risques de l'âge, les aliments les plus riches en antioxydants naturels.

Consommer des produits laitiers, un yaourt ou un morceau de fromage, au moins une fois par jour pour l'apport en calcium et la protection contre l'ostéoporose et un fruit par repas. Boire entre un à deux litres d'eau par jour ; plus en cas d'activité sportive.

Attention aux régimes, quels qu'ils soient. Ils ont tous des effets négatifs sur le premier et le second cerveau, affectent le métabolisme de base. Tout régime qui s'attaque à l'excès de graisse fait aussi hélas ! fondre la masse musculaire qui, après un certain âge, se récupère très difficilement.

Les sucreries, ne l'oubliez pas, sont des ennemis du ventre à l'exception du chocolat noir, à consommer (deux carrés) après chacun des deux grands repas.

Dernier conseil : évitez au maximum les fritures, le beurre cuit et la charcuterie. Ne vous privez pas d'un ou deux verres de bon vin par repas. Par contre, évitez les alcools lourds et la cigarette.

De plus en plus, les chercheurs, qui rassemblent des éléments dans la lutte contre le vieillissement, se tournent vers le ventre et son alimentation. On a étudié chez la souris la prévention de la maladie d'Alzheimer (lésions pour l'instant irréversibles du cerveau) en leur appliquant un régime à forte teneur en acide folique (vitamine B9). Au *National Institute on Aging* de Boston, on étudie sur mille personnes âgées une stratégie thérapeutique basée sur le rôle dans l'alimentation de l'association acide folique, vitamines B6 et B12. Cela me fait sourire. Combien de fois ai-je entendu des patients, dont j'avais soigné le ventre et surtout changé leurs mauvaises habitudes alimentaires, me dire : « Autour de moi, tout le monde me dit : C'est fou ce que tu as rajeuni ! »

Respiration

La respiration abdominale, on l'a vu, élimine les toxines ; elle aide à détruire la fermentation excessive des intestins et côlons. Elle maintient dans un état optimal la muqueuse intestinale, à travers laquelle le sang répartit dans tout l'organisme les nutraliments et aussi au niveau du premier cerveau. N'oublions pas que notre cerveau est nourri par notre ventre ! La respiration abdominale lutte contre le vieillissement dans la mesure où elle chasse la redoutable indigestion chronique dont on ne soulignera jamais assez les effets dévastateurs et vieillissants dans tous les systèmes, organes et glandes. Ajoutons que la respiration abdominale favorise indirectement notre production d'hormones. Parmi elles, la désormais fameuse DHEA, dont la disparition accélère le vieillissement. Et, pour les femmes, les indispensables œstrogènes (voir p. 38).

Gymnastique des deux cerveaux

À pratiquer régulièrement deux à trois fois par jour. Avec l'âge, la masse musculaire diminue, il est impératif de la maintenir au maximum ; elle protège l'articulation et évite les rhumatismes, l'ostéoporose. Le mouvement n'est plus une contre-indication, bien au contraire. Ma gymnastique des deux cerveaux constitue aussi une protection de plus contre la maladie d'Alzheimer, car elle fait travailler avec les cellules du ventre, les neurones du premier cerveau. C'est également la certitude de pouvoir prolonger son activité bien au-delà de l'âge de la retraite (voir p. 121).

Sport-plaisir

L'exercice d'un sport-plaisir, sans forcer, est très importante, car, en fortifiant le système cardio-vasculaire, en oxygénant les deux cerveaux, on obtient une double détente physique et psychologique. Une étude américaine sur plus de 6 000 femmes âgées de plus de 65 ans a démontré qu'une marche de 1,5 kilomètre par jour, ou une activité sportive de une heure, réduisait de 13 % les risques de déclin cognitif.

À pratiquer trois fois par semaine au moins (voir p. 108).

Automassages

Avant chaque repas, massez-vous les gencives avec les doigts. Après chaque repas, brossez vos dents.

En dehors de la digestion, 2 fois par jour, pratiquez mes automassages du ventre (voir p. 136) en insistant sur les points douloureux que vous trouvez sous vos doigts. Ces automassages stimulent et fortifient foie, vésicule, pancréas, intestin, côlon que les années rendent paresseux.

Méditation abdominale

Avec la maturité, la méditation abdominale (voir p. 147) est de plus en plus nécessaire et efficace. Elle vous entraîne vers la sérénité et l'essentiel de la vie. La santé de votre ventre en fait partie, puisqu'elle conditionne le bien-être du premier cerveau. Par cette méditation, vous allez apprendre (ou réapprendre) à être satisfait, optimiste, joyeux, heureux, amoureux, vous résisterez mieux aux contraintes, aux stress, aux dépressions, et, si j'en crois M. Snowdon, professeur de neurologie à l'université du Kentucky, vous gagnerez dix ans de vie.

CONCLUSION

Ça a été un choc pour moi. La science officielle vient de démontrer ce que je sais, ce que j'applique depuis mes débuts de thérapeute : tout vient du ventre, et sans harmonie entre le ventre et le premier cerveau, il n'y a pas de guérison possible.

En cas de trouble fonctionnel, on court de médecin en médecin, de régime en régime, de médicament en cure thermale, sans penser que le secret de la santé est à l'intérieur de soi-même. Ma méthode vous révèle que, votre meilleur thérapeute, c'est vous. La société moderne, qui nous étouffe, qui rend la communication directe presque impossible, qui nous paralyse devant la télé et l'ordinateur, qui fait de nous des esclaves de la publicité, nous impose des comportements stéréotypés, les mêmes pour tous.

Ma méthode rend à chacun son potentiel d'énergie, elle permet de réfléchir, de se donner le temps de marcher, de manger, de penser, de rêver, d'aimer.

Chacune des sept bases de ma méthode, fruit d'une longue réflexion, est facile à mettre en pratique. J'ai pris en compte les impératifs, les horaires, les déplacements, les contraintes de la vie quotidienne. Je vous dirige vers l'essentiel, pour guérir vos troubles fonctionnels et prévenir de plus graves maladies.

Chaque jour, je m'étonne des résultats observés sur les patients que je traite pour des maux de dos, de fatigue, de dépression, de troubles cardio-vasculaires, de diabète, de perte ou de prise de poids, d'insomnie, de maux de ventre comme la constipation, la colite, les règles douloureuses…

Pourquoi n'y a-t-il pas un élan, une forte ambition de nos dirigeants responsable de la gestion de notre santé ?

Pourquoi n'y a-t-il pas une prise de conscience chez nous pour nous prendre en charge afin de guérir les troubles fonctionnels qui empoisonnent nos vies et pour aider les médecins à guérir les maladies ?

Avons-nous envie de vivre en pleine santé ou voulons-nous toujours rester dépendants des médicaments, des cures ou des produits « miracles » ?

Le miracle, je le dis tous les jours, c'est à vous de le faire. Ce livre peut vous y aider si vous avez le désir de vous prendre en charge.

En changeant simplement quelques petites habitudes, en corrigeant des erreurs que vous ne soupçonnez pas et qui portent une lourde responsabilité, en prenant conscience de vos énormes possibilités physiques et mentales, en n'ayant plus jamais mal au ventre, vous découvrirez, grâce à cette méthode, une nouvelle façon de vivre en plein accord avec vous-même, dans l'harmonie entre vos deux cerveaux. Vous allez retrouver le chemin du bien-être et vivre en pleine santé.

TABLE

P. 77
P. 80-81
P. 118 – Le pouls
P. 38 Respiration abdominale
P. 136 Auto-massage
P. 147 Méditation abdominale

IMPRIMÉ AU CANADA